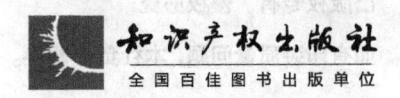

从心守道——做校长

宋茂盛 著

图书在版编目（CIP）数据

从"心"守道做校长/宋茂盛著.—北京：知识产权出版社，2017.8
ISBN 978-7-5130-5000-5

Ⅰ.①从… Ⅱ.①宋… Ⅲ.①小学-校长-学校管理 Ⅳ.①G627.1

中国版本图书馆CIP数据核字（2017）第161327号

内容提要

教育是什么？教育是人与人、社会与人的相互感染和影响，学校教育是施教者对被施教者的培训和教导。成功的学校教育，是被施教者乐于接受的学校教育，并把每个人培养成有个性且能融入社会的人。从"心"守道做校长，就是从"心"开始，遵循办学规律，遵循孩子成长的规律，用心感化心，用心引领心，用正确的教育思想、先进的办学理念引领学校发展，让学生、家长、教师、学校随着教育之"道"共同成长。

责任编辑：李　娟　　　　　　　　　　责任出版：刘译文

从"心"守道做校长
CONG XIN SHOUDAO ZUO XIAOZHANG
宋茂盛　著

出版发行：知识产权出版社有限责任公司	网　址：http://www.ipph.cn
电　话：010-82004826	http://www.laichushu.com
社　址：北京市海淀区气象路50号院	邮　编：100081
责编电话：010-82000860转8689	责编邮箱：549299101@qq.com
发行电话：010-82000860转8101/8029	发行传真：010-82000893/82003279
印　刷：北京中献拓方科技发展有限公司	经　销：各大网上书店、新华书店及相关专业书店
开　本：720mm×1000mm 1/16	印　张：14.75
版　次：2017年8月第1版	印　次：2017年8月第1次印刷
字　数：230千字	定　价：36.00元
ISBN 978-7-5130-5000-5	

出版权专有　侵权必究
如有印装质量问题，本社负责调换。

青年教师拜师

缔结姊妹校

幸福教师培训

创建校史馆

2010年10月迁入新校址

山东游学

游泳课

家校共育

体育文化节

舞动太平

外教课堂 　　　　　　　　　　　　　　滑雪课

开学第一课 　　　　　　　　　　　　　朱砂启智

台湾地区游学

课本剧：杨志卖刀

一年级乐考

欢庆六一

小学生出书了

猴戏

改变的"痛"与成长的"悦"

  我和茂盛校长的缘分，始于北京第二实验小学门头沟分校。2009年8月，茂盛校长被时任门头沟区教育委员会主任何湘带到学校来："李校长，这是咱们门头沟分校新任校长宋茂盛，来自一所山区学校"。对茂盛校长的第一印象：内敛、朴实、执着、话语不多，一看就是一位从山区走出来的校长。随后两年的交往中，我看到了这位朴实的"山区校长"惊人的内秀！他渴望改变，渴望创新，而且亲力亲为、颇有想法。从分校新建校舍开始，茂盛校长倾情投入，从学校硬件到校园文化，从课程建设到师资水平，从教育理念到管理举措，无一不呈现出巨大变化，以仅仅3年的发展，一跃成为门头沟区最好的小学之一。

  这期间，我读到了茂盛校长的理想与抱负、勤奋与实干、善思与灵气。茂盛校长的理想与抱负，体现在他渴望成功、获得认同上，体现在他对前卫信息与技术的勇敢尝试上，更体现在他始终如一的极其鲜明的开拓精神上。我相信，跟着这样的校长一起工作，永远不会寂寞、不会平庸，生活始终会精彩纷呈。茂盛校长的勤奋与实干，点点滴滴无处不在，他脚踏实地少有空谈,并且无论工作多么繁忙,始终笔耕不辍。这本书里记录的每一点一滴思考,都来自于他自己的亲笔记录与整理,还不包括他通过微信、短信、书信等方式的表达与互动。这一切自然也是他能逐步走向成功与卓越的根本。茂盛校长不止于"量",还有"质"!当北京第二实验小学"双主体育人"及以爱育爱、以学论教、以参与求体验、以创新求发展的办学思路进入茂盛校长视野的时候,他学习、思考、琢磨,然后提出了以人的全面发展为圆心、以爱为半径的校本理念,并逐步构建出了既体现总校核心思想又具有乡土气息的分校办学框架与整体思路,即"以爱为源,以人为本"。这是一个相对完整的系统化思考,真是让人眼前一亮!茂盛校长的善思与灵气,从中也可窥见一斑。包括,在每年数次的集团交流活动中,茂盛校长都能言简意赅,语出不俗,表现出出类拔萃的学习力与感悟力。

就是这么优秀的一位校长,却在学校发展中遇到了难以突破的"瓶颈",从此开启了他充满"痛"的改变之旅。

茂盛校长于2014年7月跻身于首批北京市中小学名校长发展工程,我又恰好成为他的实践导师。高频而丰富的学习安排,使我有机会深入了解茂盛校长,尤其走进他思考的过程。随着学习的推进,工作室逐步转向校长们的管理实践,拟以课题的方式聚焦问题,促进校长们的个人成长与学校的发展。这时,茂盛校长坦露心声:在学校发生着翻天覆地的变化,获得一些成绩,看似越来越顺利的时候,他却感受到了带队伍的艰难。多数教师满足于现有的成绩,对他不断提出的新举措,搭建的新平台,不再有此前的热情,出现了日益普遍的倦怠。该怎么办?他苦苦思考,急于找到"灵丹妙药"。当追问到他个人对此的看法时,他直言不讳:与总校相比,大部分教师素质不行。带着对问题的探究与诊断,也带着对茂盛校长的心疼与相助，"名校长工程一组"一行再次来到门头沟分校。在这里，我们不仅看到了生机盎然的校园生活、井井有条的教学管理，也听到茂威校长及其管理团队对学校发展思路的梳理。那厚厚的一沓又一沓的材料，有思考、有高度，有结构、有系统，有创新、有前瞻，有实操、有举措，背后尽显门头沟分校每一位教师、干部的心血与付出。就在此时，我和同组理论导师季苹教授，不约而同地发现一个问题：与思考、结构、创新相对应的实操部分，全部指向教师，成为教师必须完成的任务；而且这些任务不分层次、没有选择，更不是来自教师的自主需求。在越来越尖锐的追问与研讨中，遮挡茂威校长的迷雾被揭开：校长个人认为的"应该"和"教师发展的需要"，是否就是教师的"愿望"和"教师发展的需求"？我们用大量的实例来论证，任何一项举措如果不是来自于教师的真实需求，如果仅仅来自于校长以为"教师们需要"的"一厢情愿"，那么举措再好，即使确系学校发展之需，对教师而言，仍是一种类似于只见责任不见"认同"的负担——这就是典型的目中无"人"的管理方式，一种"去人性化"的管理。

　　这是一次直击人心的对话，对茂威校长而言，如当头一棒！我能体会并理解。多年来，我在北京第二实验小学常常与老师们谈"爱的能力"与"爱的智慧"，最常见的就是类似的问题与苦恼：虽然做得辛辛苦苦、让人心疼与动容，却没有走进孩子与家长的内心，没有得到教育对象的认同。我们称之为"辛苦又心苦"，这是"爱的智慧"不足的典型表现。若想实现"辛苦但不心苦"，那么必须要首先做到"走进"和"读懂"。对老师而言，要走进孩子、读懂孩子，走进家长、读懂家长；对校长而言，要走进教师、读懂教师。也就是，一些教师职业倦怠出现的原因，问题可能不在教师自身，而在于管理，在于管理者自身。重中之重，就在于管理者要做到"目中有人"。

目中有"人"的核心，是指管理工作的出发点不能仅仅基于学校的发展之需，而必须也要基于教师内心深层次的需求。换句话说，只有二者实现了和谐巧妙的统一，才是充满活力、具有实效的管理。

当以为问题出在教师身上的茂盛校长，意识问题出在自己身上时，他的内心并不轻松，甚至是痛的！关键时刻显真情怀。可贵的是，茂盛校长本着自己的教育情怀、教育理想，以及他对学校、对教师、对孩子、对家长和对教育深沉的爱，在意识到自身问题时，不仅毫不退缩，而且勇往直前，大胆剖析、深刻反思，在导师的建议之上系统地提出了四种"自我改变"——从关注"事"到关注"人"、从关注"经验"到关注"系统"、从关注"批评"到关注"赏识"、从关注"主导"到关注"促进"的改变。对于已有近30年教龄、做了15年校长的茂盛而言，惯性使然，这些"改变"谈何容易！然而茂盛校长做到了！这其中需要多么大的自我挑战与突破，要经受多少别样的煎熬与痛苦，不言而喻，可以想象！改变后的茂盛校长又重新带领老师们共享着做教育的幸福。本书中，茂盛校长分享了几个幸福微镜头，从中即可略知一二。痛过之后的茂盛校长，开启了新的成长篇章，拥有了更真实的成长幸福，我由衷地为他感到高兴。

写下以上文字，既是作序，也是与大家分享茂盛校长这本书的一部分背景，尤其是其中茂盛校长所经历改变的"痛"与成长的"悦"。此外，作为导师，我很欣慰地看到善于思考、不断钻研、勇于突破的茂盛校长，始终没有停下反思与成长的脚步，将在实践中的经验与工作室的学习感悟再次进行提炼，提出"从'心'守道做校长"。我特别开心，并在此拟与茂盛校长、与读者们，一起分享我对从"心"守道做校长的一点理解，作为本序的结尾。

从"心",不只是"心态",也不限于心理。从"心"谈到的是人性,只有实现对人性的尊重,尤其实现对人内心深层次需求的尊重与激发,才是有"心"的管理。从"心"还包含管理者发自内心的、自然而然的涌动与喷发,这也需要管理者必须先实现对人性的尊重与理解,不断提升"感受他人感受"的能力,实现自我与他人之间和谐相处,一切的管理行为才能从"心"而出。

守道,道,是相对于"术"而言。只有循"道"的管理,才能拥有无一定之规的"术",才能随着势、人、事的变化,而有相应之术俯拾即是之状。这个道,强调的是规律,强调的是本质。大道至简,往往是"一生二,二生三,三生万物"的那个"一"。管理的本质是关系,是互动,是人与人之间的互动并由此产生的影响。所以,在我看来,管理的大道在于:让人"愿意"发生改变、获得成长,从而引发组织的改变与成长。一个小小的"愿意",就是管理中至简的大道,管理的智慧则应运而生。

祝福茂盛校长在从"心"守道做校长的路上,收获更多成长之"悦"!

李连

2017年6月8日于丁章胡同1号

自序：从"心"守道做校长

教育是什么？多年做校长的经历，我逐渐感悟到：教育是把一个人的内心引导出来，帮助他成为像他自己的人；是人与人、社会与人的相互感染和影响；学校教育是施教者对被施教者的培训和教导。成功的学校教育，是被施教者乐于接受的学校教育，并把每个人培养成不同于别人且能立足于社会、创造于社会的人。

无论是孩子还是大人，无论是教师还是家长，都是活生生的、唯一的人。人从小到大，总是在不断地成长，不断地变化着，包括身体的和心理的变化。人的成熟，主要在于心理的成熟，而不在于身体的变化，"心"是主导人变化的重要诱因。学校教育的最大矛盾，是整体化教育与个性化发展的矛盾，解决这一矛盾，必须把"人"放在首位，关注人、尊重人，从而瞄准"变化人"这一根本目标，遵从"育人先育心"这一规律，才能产生出意想不到的教育效果。概括成一个词就是——从"心"守道。

所谓"心"，就是人的心理，包括思维、情感、意志，乃至思想观念、行为理念等，可统称为"心能"。教育人的目的并非传授多少知识，而在于培养人的"心能"。"心能"是人的一切动能之源，有了这种独立的心能，人就能创造出奇迹。

所谓"道"，就是科学的教育思维、正确的教育思想、先进的教育理念、形而上的教育哲学，以及人与社会发展的规律；审视一所好校、名校，并不在于有多么现代、多么完善的教学设施，而在于"道"的形成水平如何；管理一所学校的关键是"道"的引领，建设好其中的"道"，无论人还是学校，才能随着"道"的变化而变化。

书中，我以"用心感化心，我和教师、学生、家长、学校一起变""因校制宜研发自主课程，促进学生个性发展""夯实办学理念，蓄积学校文化""变失为得，积蓄管理心智"为题，分四章记述了作为校长的"心"与"道"。

从"心"守道做校长，是梳理、汇集我做校长以来的点点滴滴后，沉淀、过滤出的内心一些新感悟，拿出来晒一晒，一起分享，或许会对各位同仁略有借鉴和裨益。

宋茂盛
北京第二实验小学永定分校

目 录

第一篇　用心感化心，我和学校一起变

第一章　我和教师一起变 003

第一节　让每一名教师和每一所分校都感受到温暖 003

第二节　留住教师的心,就留住了山区教育的希望 004

第三节　翔云,让教师飞扬 009

第四节　改变,成就幸福人生 013

第五节　探索不一样的培训,只为教师幸福 017

第六节　改变,成就更好的我——教师谈 021

第七节　在培训中修炼成长 031

第八节　改变教师,先改变校长 034

第九节　关注"事"背后的"人" 037

第十节　校长,有孩子把通行证丢了 042

第二章　我和学生一起变 048

第一节　让每个孩子都精彩 048

第二节　"宋校长,我也可以这么优秀" 049

第三节　做最好的自己 050

第四节　校长,生日快乐 051

第五节　教师、学生、家长写给校长的三封短信..................054

　　第六节　"育鹰"计划,让孩子翱翔..................056

第三章　我和家长一起变..................064

　　第一节　小手拉大手,感动父母心..................064

　　第二节　家长——我们的教育伙伴..................065

　　第三节　孩子流鼻血,家长怎么看..................067

　　第四节　微信群中异样的声音..................071

　　第五节　家校携手,共育精彩..................073

第四章　我和学校一起变..................080

　　第一节　均衡中求发展,统一中求改变..................080

　　第二节　创办大台小学附属幼儿园..................082

　　第三节　依托"一三五七"行动计划,促进学校内涵发展..................084

第二篇　因校制宜研发自主课程,促进学生个性发展

第一章　因校制宜研发自主课程..................103

　　第一节　"育鹰"课程的研发与实施..................103

　　第二节　小学入学课程..................115

　　第三节　小学毕业课程..................118

　　第四节　课程评价伴我前行..................122

第二章　关注学生个性发展,提升核心素养..................124

　　第一节　爱育英才,绽放精彩..................124

　　第二节　我的冰雪奇缘..................128

　　第三节　开展京台交流,拓宽孩子视野..................133

　　第四节　研学旅行,伴我成长..................141

　　第五节　小学生出书了..................144

　　第六节　雏鹰翱翔,放飞梦想..................146

第三篇　夯实办学理念，蓄积学校文化

第一章　积淀学校文化，润泽生命成长 ……………………153
第一节　对学校文化的认识 ……………………………153
第二节　文化育人，润泽生命 …………………………157
第三节　我们的环境 ……………………………………166
第四节　教师文化伴我成长 ……………………………169

第二章　对办学特色和学校文化的深度思考 ……………177
第一节　对办学特色的反思 ……………………………177
第二节　对学校文化的思考 ……………………………178

第四篇　变失为得，积蓄管理心智

第一章　实践中蓄智 …………………………………………182
第一节　我主持的两个"第一次"行政会 ……………182
第二节　行政会上的风波 ………………………………187
第三节　有为才能有位 …………………………………188
第四节　修炼"能做会道" ………………………………189
第五节　由加班费想到的 ………………………………191
第六节　孩子出勤率提高了 ……………………………192
第七节　"妈妈，不是我……" …………………………196

第二章　吃堑中增智 …………………………………………204
第一节　老师监考中看手机 ……………………………204
第二节　我当了一回被告 ………………………………208
第三节　三张零分试卷 …………………………………210
第四节　一次办公室漏水事件 …………………………211

后　记 ………………………………………………………………215

第一篇　用心感化心，我和学校一起变

有人说"校长的高度决定学校的高度"，我觉得很形象、很准确，也是我经历了15年校长后的切实体验。还有人说"一所名校背后就是一位名校长"，同样是在肯定校长的水平左右着学校的办学水平。可见，校长在学校发展过程中的作用至关重要。

好校长、名校长，靠什么才能使一所学校变为名校呢？我以为，校长虽然带有一个"长"字，但校长并非什么长官，或者什么行政干部。如果把教师比作园丁，那么校长就是园艺师，其主要责任是研究、策划和设计，要针对教师、学生、家长和学校的实际情况，不断地在实践中学习、修炼，不断地更新思想观念，从"心"开始，遵循教育规律，用心感化心，用心引领心，用先进的教育理念引领人，充分挖掘每个人的潜能，使人人都成为从"要我变"发展到"我要变"的主宰者。

这就要求校长必须摆脱靠行政指挥和传统经验管理人的行为，首先做转变思维的践行者，做到由关注事向关注人的思维转变，由经验思维向系统思维转变，由形象思维向抽象思维转变，由批评思维向赏识思维转变，由主导性思维向促进性思维转变，从而形成由校长转变，到教师、学生、家长、学校随着校长一起变的内驱力。尤其进入北京市名校长发展工程后，我的思维能力和水平得以进一步提升，相信有了校长思维的高度和大家一起变的内驱力，我们学校定能成为一所好校、优质校。

第一章 我和教师一起变

第一节 让每一名教师和每一所分校都感受到温暖

我于1988年在门头沟师范学校毕业后被分配到大台中心小学工作，历任教师、教导副主任、教导主任、副校长，2002年起任大台中心小学党支部书记、校长。

大台中心小学是北京市门头沟区大山深处的一所矿区小学，离门头沟城区还有40多千米，开车需要1个小时。这里的道路长久失修，路面狭窄、高低不平、沟痕交错，但又是老师们上班的必经之路，坐在车上就像被摇的煤球，左摇右晃、颠簸起伏，五脏六腑就像错了位，难受的滋味无法形容。放眼望去，山上的树叶、两旁的村庄，这里的一切就像蒙上了一层煤尘，给人一种灰蒙蒙的感觉。由于采矿业的限制，这里的经济也失去了往日的繁荣，大台地区已不再是当年车水马龙、人员集聚的光景。生活在这里的人们大多是矿工和外来务工人员，而这里的孩子，也大多是矿工子弟和外来务工子女。

这样的环境和条件，有谁愿意来这里当老师呢？"留住老师"也就成了山区学校管理的老大难。

留住教师，首先从改变教师的生活环境开始。那时中心校的教师居住在阴冷潮湿、残破不堪的二层小楼（据说还是抗日战争时期日本人建的），教职工的身体健康受到了严重影响。有一天，我突然听到学校对面关闭已久的矿办幼儿园传出了施工的嘈杂声，一打听原来是矿领导正准备把对面的小楼改造成矿工宿舍。我辗转反侧难以入眠，如果安于现状，想想今后矿工宿舍与旁边教师宿舍的巨大落差，还能留住人才吗？怎样能把四层小楼借过来呢？想好策略后我马上和矿领导联系，费了一番周折后，矿领导终于答应了学校的要求，并同意不仅对面的四层小楼无偿借给学校使用，就连所需装修、设施费用的20万元也由矿上出资。

按照学校的规划，四层小楼的下三层改建为幼儿园，第四层作为教师宿舍。大台中心小学不仅教师的生活环境焕然一新，孩子们的学习环境也得到了改善。

中心校条件差，完小的条件更差，中心校的老大难解决后，我开始考虑三所完小。千军台、唐家地、灰地小学的校舍、围墙、地面、教师宿舍、食堂，及教学设备、教学质量都不同程度地存在困难和问题。为了尽快缩小完小与中心校的差距，我不放过任何一次筹措资金的机会。当上级领导视察、检查工作时，我既说成绩，也不回避困难和问题，多次争取到市、区领导和财政部门的资金。由于学校取得的成绩突出，屡受表彰并获得奖金，国际好牧人教会曾赞助6万元，全部投入到完小的改造上。2004年初，三所村完小基本改造成功。硬件设施改善后，我又把精力投注在软件建设上。为提高完小教师的专业水平，首先让中心校教师与完小教师结成"一对一"的师带徒，接着又采取了中心校与完小教师每年轮流一次的互调，然后又分别召开了三次完小管理系列研讨会。完小的教研风气浓了，教师的待遇、地位与中心校一样了，学生们也爱学了，成绩有了明显提高。

留住教师，要让山里的教师同样拥有成就感。当时，我既为老师们搭台，让老师们充分展示自己，取得成绩；又精心打磨管理队伍，让他们学会管理，有效管理，在管理中体会成就。记得有一次主管区长到学校调研，我对区长说："您注意了吗，这次全区科研月总结会，我校教师获奖比例在全区都是名列前茅的。"区长点点头说："我已经注意到了，不容易呀。"听了区长的话，我心里甭提多自豪了。

第二节 留住教师的心，就留住了山区教育的希望

只有留住了山区老师，才能留住山区教育的希望。梵高曾经说过，"爱之花开放的地方，生命便能欣欣向荣"。我尝试采取"事业上的激励、生活上的关心、情感上的呵护"等策略打造山区教师队伍。

事业上的激励，就是多为教师提供机会，提供平台，让老师感觉到

自己工作的意义和生命的价值，努力做到事业发展与自身价值的统一，让老师们从中找到快乐、享受幸福。为此，我们采取"请进来，走出去"的办法，为教师成长牵线搭桥。请进来，近的请区教师进修学校小教研、教科所、师训部的教研员到学校讲座、指导；远的请市教研、教育学院及各大院校的专家、学者来校传授前沿理论和指导。"走出去"，与京城名校结成手拉手联谊学校，选出6名青年教师与名校教师结成师徒关系。深入课堂听课、评课，使青年教师在转变教学理念的同时不断提高教学技能。同时，发挥区校骨干教师引领作用，实行校级骨干动态管理，每学年评选一次。教师们在一次次历练中，素质提高了，能力提升了，也取得了许多成绩，在这一次次成功的喜悦中逐渐找到了自身的价值。我经常问自己："校长最快乐的事情是什么？什么是校长的幸福？"最终我体会到了，教师的发展、教师的成长是我最快乐的事情。当看到教师们取得成绩时那灿烂的笑容，也是我最幸福的时刻。

我还努力在情感上呵护、生活上关心照顾每位老师。每年中秋节，我总是和道远不能回家的住校老师们，一起赏月、一起聊天。许多老师们感动地说："我们不想家，这里就是我们的家。"教师过生日，都能收到我真诚的祝福。记得教师节那天，千军台小学的小曹老师突然听到全体师生唱起了"生日歌"，她流着激动的泪水说："长这么大，第一次收到这样的生日祝福！"

2004年5月的一天夜里，一位怀孕的女教师突然出现早产征兆，大台医院建议转到区医院，可是家人没在身边，又没有车，还偏偏下起了滂沱大雨。我知道后，马上行动，费了好大劲才找了一辆面包车，亲自上车护送。因为山区路况不好，雨又大，车子换了两次轮胎，折腾了两个小时才赶到区医院。与她的亲属交接后，我并没有离开，一直等到母子平安后，才拖着疲惫的身体赶回学校，而这时已是清晨5点钟了……

薛老师是从贵阳招聘来的外地大学生，是家里的独生女，父母都是公务员，家庭条件不错。春节回家时，当父母听说女儿在一所山区小学任教，执意不同意她再来了。女儿拗不过，与父亲吵一架，大年三十那天就赶回了门头沟。我听说后将薛老师在学校的一日生活、工作的情景录制成光盘，五一放假时特意多批了几天假，让她回家看望父母并报销往返路费。家长看了女儿工作、生活的光盘后，感受到了学校里的温暖，也转变了想法。

家住通州的安老师，有两次调走的机会，但想起在大台小学度过的日日夜夜，看着学校日新月异的变化，想起学校里生活的点点滴滴，她都婉言谢绝了。是的，在这里的老师们既感受到了家一般的温暖，又享受到了团队的和谐与幸福，他们开始从心里舍不得这个家，开始爱上了这里。更令人感动的是，他们不仅自己不调走了，还把自己的孩子从城镇接到大台小学或附属幼儿园里上学。

由于上级的安排，我要到新的学校工作，在离开大台小学时，许多老师们不禁流下了热泪，一位男老师竟抱着我痛哭……至今我还保存着调走后老师们写给我的信。

写给宋校长的一封信

宋校长：您好！

近两年中我家发生了很多的事情（注：老母亲及丈夫半年内相继离世，父亲半身不遂），我都快要撑不住了。是大台小学，是您给了我生活的勇气，使我挺了过来。那是在4年前，母亲病危时，您带着主任等来到大台医院看望。吃了您送的八宝粥等，我妈又神奇地活了好几年。当我跟您说这件事时，您开玩笑地说："是我们给你妈带去了仙气。"当我爱人身患肺癌晚期在302医院住院，您给我打电话时说的那些语重心长的话，让我今生都不会忘怀。在我陪床时，还给予特殊的关照。记得我生日时，学校食堂给我做了长寿面，并且在网上发了祝福的话，特别是那句我永远都不会忘记的话——学校永远是你的家！在暑假期间，我和韩老师来到了平谷疗养院休养，这是我做梦也想不到的事情。

去年这个时候，天渐渐冷了，又要生炉子，又要安烟囱，对于我来说是多么困难的事情呀。当我跟您提到这些事情的时候,您二话没说就答应我,腾出学校的房子让我和老父亲住(很多老师都没有这样的待遇,但您却想到了我的困难)。您总是在别人最困难时出现,我特别地感动。在大台小学这几年的工作中,很顺心,又很开心。好几次我想找您面谈,但没有勇气。我虽然表面坚强,内心还是特别的脆弱,我不知用什么样的语言来表达内心的感谢之情。您看了这段话,也可能会笑话我,我真的有好多话,不知怎样说、怎样写,我真的特别激动,我觉着有您、有学校这个大家庭,就没有解决不了的困难。我永远也不会忘记在大台小学的这段时间,特别是我最难过、最困难的时候,是领导、是学校帮助了我。

谢谢您,好校长,好兄弟!

刘××

2008年10月14日

让我如何感谢您

张××

让我如何感谢您
当您向我走来
我只想得到一枝鲜花
您 却给了我整个花园
用醉人的芬芳
装点我生命的长廊

让我如何感谢您
当您向我走来
我只想得到一片绿茵
您 却给了我整个绿洲

用勃勃的生机
唤醒我沉睡的希望

让我如何感谢您
当您向我走来
我只想得到一池清水
您 却给了我整个海洋
用宽宏的气量
托起我绮丽的梦想

让我如何感谢您
当您向我走来
我只想得到一条星河
您 却给了我整个星空
用灿烂的星光
照亮我前行的方向

让我如何感谢您
当我拥有这一切时
泪水
早已滑落我的面庞

没有千言和万语
只将无尽的感激
化做真挚的诗行
从心中静静流淌
……

第三节　翔云，让教师飞扬

来到北京第二实验小学（以下简称"实验二小"）永定分校，在基本了解教师们的状况后，特别是迁入新校址后，我思考的一个主要问题是：怎样充分调动起每位教师的积极性，让教师们在求变中成长，在求变中飞扬。

于是，专门召开了行政研讨会，大家各抒己见，思维碰撞，深入剖析教师的现状：全中心专任教师196人，其中，5年内新教师24人，占12.2%，35岁以下教师102人，占52%，市级骨干教师1人（幼儿园），占0.5%，区级骨干教师17人，占8.6%，校级骨干教师25人，占12.8%。新教师、年轻教师多，教学经验不足，科研能力欠缺，缺少学科带头人，新课程理念落实不实，教学方式单一、保守，课堂效率不高。广大教师熟知并认同学校办学理念、学校文化，基本能够理解和践行，工作上兢兢业业，踏实肯干，具有吃苦耐劳的精神，能较好地承担所任教学科的教育教学任务，对学生充满爱心，与家长关系和谐融洽，注重自身素质的提高，团队间具有团结合作的意识。青年教师工作热情高，进取心强，乐于接受新的教学理念，积极参与课程改革，善于学习，并能应用于工作实际。但是学校骨干教师队伍结构不够合理，学科之间不平衡，部分教师存在专业知识和专业能力不够扎实，对学生的研究不足，创新精神不足，工作显得被动等问题。教师们渴望在一种宽松、民主、和谐的学校文化氛围下从事自身的工作；希望学校为教师提供更多的系统专业培训，搭建多元的个性化成长的平台，参加各级各类比赛活动；希望参与课题研究，提高自身专业素质，掌握专业技能，得到全面发展；也同时希望能够在一个更具团结合作精神的团队中成长。

科学客观地分析后，研讨会上特别制订了教师队伍培养计划：为了进一步落实区教委"十二五"时期教育发展规划及教师队伍建设工程实施方案，加强我校教师队伍建设，全面提高教师素质，形成阳光、智慧、美丽、合作的教师文化，促进教师专业发展，进一步加大教师培养的力度，使青年教师、区校骨干教师迅速成长，为学校教育教学的可持续发展奠定基础。

会后，每个人进行了反思与提炼，再进行集体的研讨。最终，一份学校教师队伍培养的"翔云计划"完成了。

一、培养目标、培养对象、培养原则

培养目标：建设一支具有现代教育观念，具有合理知识结构、年龄结构，具有一定教育教学、科研能力的教师队伍；促进区、校级骨干教师向市级骨干教师或名教师发展，在总校范围内乃至全区具有指导、示范作用；让更多的青年教师在业务水平上快速提升；以全面实施"翔云"计划为载体整体提升教师队伍。

培养对象：第一层次，"翔云"之星；第二层次，区、校级骨干教师；第三层次，教龄5年以内的非骨干教师。

培养原则：研培结合、动态管理、讲求实效、形成机制。

二、培养措施

加强师德师风建设：加强教师的政治学习与师德教育，教育并督促教师自觉遵守《中华人民共和国义务教育法》《中华人民共和国未成年人保护法》《中华人民共和国教师法》等有关法律法规。鼓励教师爱岗敬业、勤奋工作、乐于奉献，形成过硬的思想作风和师德修养，做践行教师文化（阳光、智慧、美丽、合作）的模范。

加强校本培训学习：学校是教师培养的主阵地，校本培训具有针对性强、实效性高、受训面大等特点。因此，校本研修是教师培养的主要形式。充分利用教育教学实践活动，按照"研训结合，以研促训"的工作思路，通过举办讲座，上研究课、观摩课，开展竞赛活动、专题活动及常规教研活动，采取"实践反思""同伴互助"等行之有效的方法开展培训工作。分配教学任务、承担科研课题。安排参加学术活动和社会活动方面，优先考虑重点培养对象，为他们创造脱颖而出的条件，给他们压担子、提要求。

结对带徒，促进成长：为了加快学校培养骨干教师的力度，进一步促进青年教师的成长，我校选派思想素质高、业务能力强、教学经验丰富的骨干教师与青年教师结对，指导他们的教育教学工作，开展听课学习、观摩研讨、反思总结等教学活动，不断提高教育教学能力，促进青年教师的成长。在培养过程中，应注意物色、选拔一批优秀的校级学科带头人兼任校本教研员，享受一定的补贴，带领本学科教师进行校本研修。

学校定期召开教师培养工作座谈会和经验交流会，并对做出较大贡献的教师给予奖励和表彰。建立教师成长档案，促进教师的持续发展。

三、各层次教师培养目标及措施

第一层："翔云"之星，力争在下一届市级骨干教师评选中有2~3名教师被评为市级骨干教师。措施：①提升教育教学理论。每学期初制订学习计划，每学期精读一本教育理论书籍并撰写心得体会，每学期组织2次读书交流，每学期2次集中研训课程标准。②提升教学能力。到总校观摩课堂教学，为教师聘师傅（教研员及总校资源），优先参加各级各类培训，优先承担市、区级研究课、各级各类的教学比赛。③提升科研能力。对教师进行科研方法的培训，作为课题组主要成员参与学校课题研究，每学期开展个人专题研究、撰写教学论文1篇、案例2篇、教学设计4篇，所撰写文章优先向国家、省、市、区各级刊物推荐。④提升指导能力。开展带徒活动，择优聘任为校本教研员。

第二层：区、校级骨干教师，原区级骨干教师在新一轮评选中顺利通过。力争再有10名校级骨干教师能被评选为区级骨干教师。措施：①提升教育教学理论。每学期读一本教育理论书籍并撰写心得体会，每学期组织1次读书交流，深入研读课标。②提升教学能力。每学期开展骨干教师课堂教学研究月活动，每学年开展"爱之源"杯赛课活动，第一学期说课初赛，第二学期课堂教学决赛，推选教师参加区"三杯"教学比赛，在校园网上创建"骨干教师教学论坛"。③提升科研能力。进行科研方法的培训，参与学校课题研究，每学期撰写教学论文1篇、案例2篇、教学设计2篇。学校将挑选出优秀作品向各级刊物推荐，参加各级各类评选，尝试开展个人专题研究。

第三层：教龄5年以内非骨干教师，力争使每位教师在政治思想、师德修养、业务素质和教书育人的实际工作能力方面达到合格水平。在此基础上，培养一批有较高的理论与实践能力的校级骨干教师。措施：①基本功训练。"一术"（信息技术）、"二语"（普通话、职业语言）、"三笔"（钢笔、毛笔、粉笔字）为主要内容的教师职业技能和基本功竞赛活动。②教育教学理论培训。坚持业务学习，做好学习笔记，指导学习课程标准。③为5年以下教龄的青年教师精心挑选"导师"，建立青年教师成长档案，使其成长更具科学性。④教学能力培训。青年教师每周至少听课2节，提倡青年教师跨学科、跨年级听课，从各学科中汲取精华。为青年教师搭建教学实践锻炼的平台，每学期上一节汇报课。给青年教师提供各种锻炼的机会，推选青年教师参加区"三杯"教学比赛。在校园网上创建"青年教师教学论坛"。⑤教育科研培训。对青年教师进行撰写论文、案例、反思的培训，每学期撰写1篇论文、1篇案例、1篇教学设计，学校将挑选优秀作品向各级刊物推荐，参加各项评选。

四、保障措施

成立北京第二实验小学永定分校教师队伍培养"翔云"计划工作领导小组，负责计划的制订与具体实施。成立北京第二实验小学永定分校教师队伍培养"翔云"计划专家指导小组，对"翔云"之星进行指导和帮扶。学校给予经费保障，支持教师参与各级各类培训及评选活动。对骨干教师在职评和评优评先中给予制度倾斜。

教师的培养是一项长期的工作，学校将努力营造一个"宽松、积极、浓厚"的教育教学研究氛围，根据每位教师的专长与教学特点，为他们提供广泛的参与各级各类教育教学活动、展示和比赛的机会。让教师在实践的磨炼中一步步得到锻炼，一步步成长起来。

教师们在了解计划之后，针对自己的情况与特长，找到了发展的目标。一个人有了目标就有了前进的动力，就有了自我发展的需求。他们不需要别人再催促什么？而是自己感觉到了"变"的重要性，自己想要"变"，任何事物都无法阻挡内心带来的需求与成长。在学校的这个舞台上，老师们在改变中寻找生命价值与职业价值的统一。

第四节　改变，成就幸福人生

在一次期末工作会上，各部门总结了各自的工作，成绩喜人，学校发展态势很好。但在这么多工作业绩面前，我却隐约感到老师们每天忙忙碌碌，疲于追赶，而缺乏本质性的改变。也许多年习惯的东西改变起来确实有困难，需要付出更多。于是在会议最后，我讲了三个故事，与老师们一起分享。

◇ 鹰的故事

鹰是世界上寿命最长的鸟类，它们最长可以活到70岁甚至80岁。但并不是所有的鹰都如此长寿，有2/3的鹰活到40岁就会死亡。因为当鹰活到40岁时，它的喙就会失去作用，会变得弯曲、脆弱；而它的爪子，也会因为常年捕食而渐渐地磨钝磨断，不能将飞跑着的生物抓住；它们翅膀上的羽毛也会变得粗大而沉重，无法轻盈地飞翔于蓝天。一只鹰到了这个时候，面临的只有两个选择：一是等死；二是重生。

重生是每个生灵都愿意的选择，但重生的过程是痛苦的，是艰难的，不是一般鹰都吃得消的，必须经过90天或更长时间的煎熬，才能达到。如果鹰选择了重生，那么它必须飞到山崖的顶端，在那里筑巢，停留在那里，不能再去蓝天飞翔，不能再去捕食食物，而是要经历一番痛彻肺腑的岁月才行。

它要忍耐饥饿与疼痛，在岩石上日复一日敲打它的喙，这不是一天两天的事，要直到其喙脱落为止。然后静静地等待裸露的伤口重新愈合，长出新的喙，等到此喙长到足够坚硬时，再用喙磨掉已经钝掉的爪子，连同爪子的后筋也要啄去。啄得鲜血直流，其痛难忍！待到新的爪子长到锋利时，还得把那些沉重的羽毛一根一根地拔掉，让新的羽毛长出来。这前后所用的时间一般是在90天左右。在这个过程当中，有些鹰受不了这种磨难而死。唯有那些意志坚定者，才能走到最后，获得重生。它们再一次翱翔于蓝天，比年轻的鹰更强壮、更敏捷。

鹰的重生不是一只鹰的问题，而是关系到整个鹰的家族。否则，它的族群会受到其他族群的侵略而降级。重生的鹰王与鹰群将迎来一生中最最辉煌的30年。鹰王的重生，是大智、大勇、大爱的体现。大家想象，一只鹰王带领一大群鹰宝宝飞翔在蓝天上的情景，是多么地壮观！多么地震撼人心呀！

◇ **人的故事**

当我们经历一段岁月，走过一段时光，往往很多东西变成了习惯，习惯于自己的做人准则，也习惯了自己做事的风格。习惯，让我们安于现状，让我们不想去冲破，不想去改变。不去思考习惯的对与错，也许便是危机靠近之时。因为得到利益，你患得患失，明知没有激情，也不敢放弃；因为虚名，因为被人恭维，你明知虚伪，却也害怕失去。你也曾想，去追求新的生活，一切重新开始，但又怕失去所拥有的一切。进与退，得与失，名与利，福与祸，冲动与犹豫，交织着。你常常告诫自己"不要好高骛远，知足常乐，想想不如自己的人"，渐渐地，你就如同那些不愿重生的鹰，在生活的长河里，随波逐流，一切都是那么正常、自然，你没有了个性，没有了新的欲望，如同一朵浪花，在水面上消失了……

这个社会里还有少数的人，他们不愿失去自我，不愿在没有激情的生活中挣扎，他们要改变，要把人生中最辉煌的时光留给自己。他们开始沉思，不断否定自我，追求超越。他们自豪地弘扬优点的同时，还要痛苦地纠正缺点和不足，终生学习，修炼自我，不断完善，不断提升，使自己永远跟上时代的步伐。他们要学那重生的鹰，完成人生最悲壮，最灿烂的乐章，去追逐心中的梦想。

人的重生和鹰的重生一样，都是对自己的否定，但这种否定不是盲目和冲动的，而是经过痛苦、理性的思考。否定自己需要勇气，因为人和鹰一样重生的过程不是都能顺利度过的，可能对有些鹰来说重回蓝天将永远是个梦，对有些人来说贫困、疾病会相伴终身。但我仍赞赏这些逐梦的鹰和人，因为他们知道自己生命的价值，即使生命终结，他们也活出了生命的含义。他们是命运的主人，他们是梦想的源泉，而且绝不是碌碌无为之辈所能企及的。

◇ 校长的故事

2009年，我调入北京第二实验小学永定分校。学校由于经历了多年的"乡镇管校"，遗留了一系列问题。基于此，我提出了"稳定求发展，继承求创新"的工作思路。一开始，我基本复制了我在大台中心小学的一些做法：提高教师福利，改善办学条件，搞好周边关系等，也确实起到了一定作用。但1年后，当一座崭新的现代化新校址完工后，我又陷入了沉思：这所学校的定位应该是什么？目前的做法能不能适应未来学校的发展？这所学校的校长、教师、学生应具备哪些素质？在一个又一个追问下，我与班子成员一起推出了"一、三、五、七行动计划"，即明确一个核心——爱为源，人为本的办学理念；突出三个重点——两支队伍的建设、高效课堂的构建、三级课程的改革；实施五项举措——名校带分校、硬件带软件、活动带面貌、责任带品质、和谐带团队；构建七大文化——管理文化、教师文化、学生文化、家长文化、课堂文化、课程文化、环境文化。

围绕实验二小总校"以爱育爱"的核心理念，我们确定了学校的办学理念，明确了学校的办学目标：将学校办成求知进取的学园，健康和谐的乐园，美丽雅致的花园，温馨友爱的家园。育人目标：培养崇德善学、饶有特长、身心健康且具有国际视野的大写的人。有了明确的办学目标及育人目标，我们的改革才能朝着一个方向努力，才能实现共同愿景。

进而我们又推出了具体可行的培养措施：

1. 在小学毕业前，培养学生学好一门外语、1~2个体育爱好、会用1~2种乐器、写好毛笔字、会背100首古诗。

2. 养成10个好习惯（三讲：讲文明、讲诚信、讲卫生。三会：会学习，会锻炼，会节俭。两守：守法纪，守规则。两爱：爱生命、爱公益）。

这些措施又细化到各年级，做到具体化、细致化。

如何将这些顶层设计真正落实在师生的身上，课程无疑是最重要的载体。英语课程一直是学校的亮点工作。记得当时，市课程中心领导再三嘱咐我，英语特色教学不能丢。前人辛辛苦苦的劳动成果岂能让我断送，绝不能丢掉！但同时，我也在思考整体构建学校的课程改革，并向教委主要领导汇报思路，领导非常赞同学校课改的思路，支持我们成为北京市"遨游项目校"，当时全市小学只有21所。

作为北京市课程建设"遨游计划"的项目校，我们在课程设置上有一定的自主权，因此，我们对原有课程进行了删改增减。在政策的支持下，我们围绕学校的办学理念、办学目标及学校目前开设的各类课程整体构建了学校课程体系，打破了国家、地方、校本三级课程间的壁垒，将三者有机地整合与融合，形成了现在"一体两翼""六大领域三类"的"育鹰"课程体系。

国家督学，湖南省人民政府教育顾问张放平在考察学校后这样说道："门头沟区实验二小永定分校开设的特色课程多达40余种，将国家课程、地方课程、校本课程统筹规划，形成'育鹰'课程体系，成功发挥出名校办分校的优势，确实是百姓身边的魅力学校！"相信老师们都看在眼里，记在心里，这是我们辛勤付出的见证。

最后，我只想说，改变，成就幸福人生。

当成为北京市名校长工程的一员时，我正面临这样的问题：学校牵手名校成为北京第二实验小学永定分校后，抓住了各种机遇，实现了快速的发展。但是，总觉得学校教师整体反映出一种现象：参与活动热情很高，完成学校工作很好，但是发展很被动，大部分教师安于现状，缺乏主动意识。

我想通过调整自己的管理思维，帮助教师洗去疲惫，重新点燃教师工作的激情，激发教师在感受职业幸福中实现生命价值。因此，我开始号召领导干部和教师谈"改变"，实践"改变"，管理论坛的主题是"改变，成就更好的我"，每次行政会的引领话题都离不开改变。

我深知教育的发展如逆水行舟，不进则退，教育既有规律可循，却又随着社会的发展瞬息万变。只有在教育改革中始终保有一份积极，一份乐于改变的心态与行动，才会适应教育的需要，时代的发展。

在此次期末全体教职工会上，再以这三个故事来谈"改变"，是想以自身的案例，唤起教师的改变意识。激励教师行动起来，在改变中发挥更大的潜能，在改变中促进学校更大的发展。

第五节　探索不一样的培训，只为教师幸福

2014—2015学年工作即将结束时，一个偶然的机会，我结识了巨人教育副总裁、知子花心智教育机构总裁——曹廷辉。和他谈论了我正在参加的北京市名校长发展工程与我正在探索的课题"以校长管理思维的转变促进学校教师自主发展的实践研究"。

我谈到，在两位导师启发和指导下，结合多年校长工作实践和目前学校发展的实际，梳理出了四种思维方式的转变：由关注事到关注人的

思维转变，由经验思维向系统思维转变，由批评思维向赏识思维转变，由主导性思维向促进性思维转变。校长转变，是自身成长的历程，但我更愿带动教师转变，以追求职业价值与生命价值相统一。曹老师也详细地向我介绍了积极心理学，又被称为"幸福学"的这门学科。他的研究领域与我的课题、我的愿望不谋而合。我可以更深入地思考积极心理学与我研究的校长四种思维转变的关系。与此同时，我也被他对教育的热忱和知子花心智教育机构所从事的积极心理学的培训所打动，想立刻为我的教师们也组织一次这样的培训，让教师们在期末之后，能从繁重的工作中解脱出来，真正从内心思考幸福、感受幸福。

于是，负责教师培训的教科室就和曹廷辉老师的知子花心智教育机构开始了紧锣密鼓的接洽：了解课程细则，确定培训内容，细化培训方案，并报学校行政例会讨论通过，在假期前的最后一个工作周里，我们为期两天的培训开始了。这次培训，有一场曹廷辉老师的讲座，有分小组的团体辅导，还有培训结束前全体参训教师的总结和分享。

曹廷辉老师的讲座从科学的角度，告诉老师们如何悦纳自己、悦纳他人，正向思维，收获幸福。团体辅导大体上有这样几个板块：游戏"大风吹"，目的是让老师们感受到，其实在我们身边，有许多人与我们有着共同的特点；游戏"戴高帽"，对组内成员进行优点轰炸，让老师们感受到自己的优秀、自信及赞美他人的幸福；画"生命树"，为了让老师们感受现在的幸福，对未来充满希望；分享兴趣爱好，让兴趣为生活减压；学会倾诉和倾听，悦纳自己和他人；思考父母、爱人、朋友、同事、兄弟姐妹、自己、理想中的自我形象，并思考哪个最容易写，哪个最难写，哪个反差最大及这样的原因，正确认识自己。我怕老师们拘谨，所以没有参与任何一个小组的活动，但建议所有的行政领导分别到自己扁平化管理的年级组中，和老师们一起参与活动。在教师活动的过程中，我进行了"走访"，用手机镜头记录下了她们灿烂的笑靥，我想，至少在活动过程中，她们是开心的，幸福的。

第一天培训活动结束后，为了促进老师们更深入地思考，我在学校的教师微信群中抛出了这样的分享题目：老师们，今天有何收获？

老师们各抒己见，纷纷留言分享。

老师1：多鼓励、多夸奖、多发现孩子身上的闪光点，保护孩子的自尊心和自信心，积极心理学，受益匪浅。

老师2：用积极的心态去看待身边的事、物、人，多关注美好的一面，心里就阳光了，心里阳光了自然就幸福了！

老师3：悦纳自己，悦纳他人，让自己的心中充满阳光，让自己成为阳光的人！

老师4：用发现的眼光寻找生活中、工作中的好事，用感恩的心态对待身边的人与事，幸福自己也幸福他人。心理积极健康了，工作也有智慧了。

老师5：夸人能给别人和自己带来幸福和正能量！无论大人还是孩子都希望被夸，今后我们需要用欣赏的眼光去面对别人的优点和缺点，那样我们的心态才会更阳光、更幸福！

老师6：下午的讲座很实用，曹老师讲的一些案例很有代表性，我们的学生当中也有这样的，老师试着改变心态，改变以往的方法，用积极的心理学去暗示学生，相信学生也会更阳光。让我们用积极的心态去工作生活吧！

看到老师们的发言，我特别感动，这样回复了大家：

作为校长，我说过要和老师们一起变！期末老师们紧张半年了，再安排业务方面的培训会把我们的脑子撑大，谈何幸福？谈什么获得感、成就感？看到大家的发言，我仿佛听到了大家成长的拔节声，我们的生命和孩子一样重要！没有教师的幸福快乐，怎么能让孩子快乐成长呢？下次活动尽量不在学校，封闭培训也许收获更大！

　　能够组织一次这样的培训，也正是课题带给我的改变。以前，我们的期末培训基本上是业务方面的，虽然目的是帮助教师专业发展，但是培训不成体系，更多的是经验思维、批评思维、关注事的思维之下的培训。而这次的培训，我及我的负责培训的团队，是想做一次积极的尝试，发自内心的想为我们的教师创造内心独特的幸福体验，培训也在不知不觉中，在系统思维、欣赏思维、关注人的思维的组织下展开了。

　　培训的主题也很鲜明，教师的幸福成长培训，目的是进一步促进教师职业价值与生命价值的统一，帮助教师进一步了解自我，加强自我肯定，提升教师工作的幸福感。

　　教师们在同伴的经验分享与互动中，得到了温暖和支持。通过团体辅导，他们走进了自己的内心世界，认识自我，和同事交流，了解彼此，体会分享自身的幸福和他人的幸福，增强自信，传递正能量，获得积极的情感体验。在轻松愉快的氛围中，进行心灵的碰撞，加深彼此了解，增进感情，享受幸福。能够进行一次这样的培训，至少收获到了我们预期的效果，我和我的领导团队感到很欣慰。

　　当然，在这次培训之中，也有一些值得思考的新内容。

一、职业价值与生命价值如何统一

　　团体辅导中有一个环节引导教师画"生命树"，要求画一条生命线，在生命线中标注出自己此刻的年龄，回忆在此之前生命中三件最难忘或最幸福的事情，想象在此之后生命中最想实现的三个愿望。有许多教师在分享过程中都留下了感动的泪水，几乎所有分享的老师都认为成为一名教师是自己之前生命中最幸福的三件事之一，但是，在此后生命中最想实现的三个愿望中，几乎全部围绕家庭或是个人生活，与工作基本无关。这让我不禁开始思考如果有机会选择的话，工作在教师们心目中所占的比重及分量。忽然想起马斯洛的需要层次理论，或许在画"生命树"的这一刻，教师这份职业，仅仅满足了教师生理需要、安全需要、社交需要、尊重需要，还没有满足教师自我实现的需要。因此，如何促进教师职业价值与生命价值的统一，真正激发教师的职业幸福感，任重而道远。

二、如何引导教师有效参与团体辅导

我想，这一次的团体辅导中的许多项目，一定促进了教师自身的思考。但是，并不能够很好地实现敞开心扉真诚分享的目的。因为教师群体之中，人与人之间的关系毕竟是工作关系，还不是安全的分享关系，在交流分享中，许多教师都一定会遵循礼貌社交的原则，而不会呈现出无条件悦纳和分享的状态。虽然行政领导由于期末的各种需要，没有一直深入在自己扁平化管理的年级组中观察教师的状态，关注教师的需求。但我想教师们的状态一定如我所描述。那么，新的思考命题又出现了，如何设计与实施更加适合教师职业的团体辅导，或许是我们下一次系列培训将要关注的一个内容。

无论如何，在学期末之余引领着教师们停下脚步，静下心来，共同分享幸福、传递幸福，做一个幸福快乐的教师，去感染身边每一个人，共同幸福成长，实现生命的价值。这是我们特别想为教师们服务与引领的一个方面，也会在接下来的系列培训中，继续改变，继续探索，只为我们的教师在大家庭中更加幸福。

第六节 改变，成就更好的我——教师谈

迁入新校址六年中，老师们改变了很多。但又有多少人能够认识到自己的改变，反思自己的改变，在改变中悦纳自己，在改变中回味成长的快乐呢？于是，我们组织了持续的主题论坛"六年中，我改变了什么"，老师们深刻地剖析自己，在成长的过程中和大家分享着其中的感

悟。下面就是几位老师的发言。

◇ **宋老师：六年我改变了什么——我与学校同成长**

自2002年毕业来到咱们学校，至今已有14个年头，2010年以前一直在栗园庄小学，随着喜迁新校，2010年我来到了咱们本部校区，可以说我和刚刚毕业的六年级学生一样，很荣幸和咱们学校一同成长。

首先，我先来说一说明显的变化：2010年9月来到本部校区担任高年级语文教学工作及班主任工作，2012年由于工作的需要中途担任年级组长，2015年9月担任德育主任；2010—2013年我是校级骨干教师，2013年至今区级骨干教师；2010年我是一名普通的群众，2013年7月加入中国共产党，成为一名光荣的党员，2014年7月光荣的成为党支部青年委员，这些是我看得见的变化。

下面说一说我思维的改变：一、思维方式的转变——由个体到全体的转变：以前的我只要做好自己的工作，做好组内的工作就可以了，现在要做好全校的工作；以前的我只关注个人发展，关注组内教师的发展，现在要关注全校学生、老师的发展；以前的我只关注一个班的学生，现在要关注全校的学生。二、思维角度的转变——以前考虑问题不周全，现在我要站在更高的位置思考问题，要从不同的角度考虑事情，要从大局出发，要善于换位思考。三、管理思维的转变——服务意识更强了，经过这一年多的工作，让我深刻体会到作为学生发展中心主任，我必须服务好学生，服务好老师，只有这样才能得到老师们、同学们的信任。

一棵不知名的大树，因为改变了自己，让自己耸立于万树之上，才能得到人们的赏识；一棵不知名的花朵，因为改变了自己，让自己绽放五彩缤纷的美丽，才能得到人们的赞叹；历史人物陶渊明，因为改变了自己，让自己不受黑暗社会的影响，才被后人铭记，在历史的苍穹中闪闪发光。变是永恒的法则，改变自己，才可以用拼搏的汗水酿成历久弥香的琼浆，才可以使不凋谢的希望和不泯灭的梦想，筑成固若金汤的铁壁铜墙。

◇ 李老师：改变别人，先改变自己

曾经给四（5）班代课时，一天，有个叫王××的孩子，由于没完成作业，狠狠地批评了他。事后，在和班主任沟通中，得知他是个单亲家庭的孩子，家庭情况比较复杂。爸爸曾经是永兴商城仁圣医院的职工，按说工作挺好，但他嗜酒如命，经常喝得醉醺醺，喝醉了就打媳妇和孩子，严重的时候甚至把媳妇赶出家门。除了嗜酒还打麻将，很晚不回家。本来孩子挺聪明，但经常迟到，作业也完不成，上课听讲状态也不好。就这样有一天妈妈不能忍受和爸爸离婚了，爸爸也丢了工作。离婚后孩子跟着爸爸一起生活，这个孩子更没人管了，迟到现象更加严重，学习成绩直线下降。

我了解到情况后，首先为自己一味地对孩子批评而感到后悔。其次，我与孩子进行了一次长时间的谈话，向他询问了家里情况。从那以后，我就改变了对他的看法，特别关注这个孩子，经常和他聊聊天，询问一下学习情况，家里情况。当得知早晨迟到是因为爸爸不能及时叫醒他，就跟他说，自己要定好闹铃，不要等着爸爸叫，你已经四年级了，是大孩子了，要学会自己的事情自己做，衣服脏了就自己洗，自己要学会照顾自己。针对他的学习，我给他讲道理：从小就要有志气，要好好学习，自己学会长本事，长大才能更好的生活。首先从完成作业开始，每天早晨我都要询问他是否写完了作业，并时刻关注他的学习状态。我也找到他的爸爸，跟他进行沟通，要求他多关注孩子。不光是学习，还有生活。

然而，冬天里的一天，我在校门口值周偶尔发现孩子穿了两件马甲，我一摸，他居然就穿了一件单校服，当时我的心酸酸的。第二天我就把儿子小时候的毛衣拿来了，把他叫到办公室，给他穿上。孩子当时的表情我至今也忘不了，说不准是不好意思还是感激，总之很复杂。作为老师，我觉得我们能做的只有对他们更多一些的关爱。就这样，我一有时间就会来到孩子的身旁，哪怕是看他一眼，我自己都觉得是心里的安慰。经过我与孩子的一段接触，渐渐地，我发现孩子变了，早晨很少迟到，见了我主动打招呼。尤其是周老师生病的一个多月时间里，我给四(5)班代课，我发现他听讲状态也渐渐好起来，学习也有所好转。直至现在，我也在时刻关注着孩子的变化。

因此，我想说改变一个人是很难的，要想尝试改变一个人首先必须改变自己。要想改变孩子，我们需要更多的耐心，付出更多的关爱。

一所学校同样如此，校长的高度就决定了学校的高度，我们之所以成为门头沟窗口校，就源于宋校长善于改变，用自己的改变，改变着干部教师，改变着学生，成就学校的发展。

王力宏一首歌叫《改变自己》，相信大家都听过，里面有几句歌词是这样唱的：我可以改变世界，改变自己，要一直努力努力永不放弃，才可以改变世界。

◇ 张老师：爱和精细化应成为我工作中的常态

"管理"这个词对于我来说真的还有些距离。两年的组长经历告诉我，作为一名组长要能使组员心往一处想，劲往一处使，扬个人之长，发挥出团队的最大合力。9月7号开学典礼那天发生一件事，使我对组长一职有了更深的认识。

那天学生在操场上待了足足有一个小时，由于天气较热，有的同学已经坚持不住有些虚脱了。体育组杨组长也提醒着我们每位班主任要走进队伍关注自己的孩子。六年级的学生身体素质较好，只有三名同学有头晕现象。在回班的路上，我提醒着孩子，回到教室要先喝水，说着来到教学楼三层，我又嘱咐孩子要先喝水。当我回到办公室也准备喝水时，发现一班、二班有的学生来找纸杯，这时我才意识到开学第一天，可能有的孩子没带水瓶。于是，我放下水杯赶紧到服务中心领纸杯，发给了没带水瓶的孩子和前来参加活动的家长。针对这件事我组同事颇有感触还发了一条微信，内容是：开学第一天之最感动。开学典礼太阳很足，刚开始体育组组长提醒每一位班主任观察学生别有晕倒的。典礼过半，班主任一遍一遍穿梭于队伍中，提醒孩子不舒服就先回教室。典礼结束，组长拿来一次性纸杯，问哪个孩子没带水瓶，让孩子去喝水。细微之处见人本，上下一心爱育人。

这件事也让我反思了一下工作：1.爱孩子不要停留在口头上，要付诸行动。就拿喝水这件事来说，不要只是提醒孩子喝水，要观察孩子有没有喝水，如果没去喝水，原因是什么？2.五班是从冯村校区新来的孩子们，典礼那天由于我的疏忽没有给五班去送纸杯。在今后的工作中我要多关注、关心五班的孩子和那些插进四个班里的孩子，使他们尽快融入大家庭中。3.开学典礼的前一天我只是通知家长来参加活动，没有提醒家长带水杯，这也是我工作中的一个疏忽。再有这样的活动我会把问题想在前，就像我们备课中的预设一样，把工作做细。在今后的工作中，我要把爱和精细化作为我工作的一个常态。

◇ 杜老师：生命价值与职业价值的统一

今天我与大家分享的是"我眼中的生命价值与职业价值的统一"，我将从四方面与大家分享。

为什么"职业价值与生命价值相统一"成为我校的价值目标

学校自成功牵手实验二小后，几年来在全体家人的共同努力下，有了质的飞跃。如今面临人事制度改革，家长、社会需求的增加，教师们任务越来越重，压力越来越大，怎样才能让老师有真正的归属感，我们将目光由关注"事"转向关注"人"的发展，着力打造阳光、美丽、智慧、合作的教师文化，以此促进学校真正意义上的内涵式发展。我们追寻的教师文化的精神内核就是"职业价值与生命价值相统一"。只有将职业价值与生命价值相统一的职业追求打造为一种文化，才能发挥对所有教师的辐射作用，将教师个体的努力与认知转变为团队的行为标准与行动自觉，真正意义上促进学校的发展，促进教师的成长。

生命价值与职业价值之间的必然联系

生命的价值就是为社会、他人及自己创造财富和欢乐，生命的意义就要不断地充实自己。职业价值是一个人对职业的认识和态度，及他对职业目标的追求和向往。马斯洛需求层次理论把人的需求分成生理需求、安全需求、社交需求、尊重需求和自我实现需求五个层次，依次由较低层次到较高层次。其中"自我实现的需要"是最高层次的需要，它是指实现个人理想、抱负，发挥个人的能力到最大程度。也就是说，在努力实现自己的潜力，使自己越来越成为自己所期望的人物，这样才会感到最大的快乐。这便是教师职业价值和生命价值的统一。

众所周知，人的一生，最灿烂、最辉煌的年华是在工作岗位上的岁月。所以谈生命的意义和人生的价值，最突出的应该是体现在其所从事的工作上。和孩子、同事、学校在一起的每一天，就构成了教师生命最重要的一部分。教师每天在学校工作的经历，就是生命的历程；教师每天在学校工作中是否开心、快乐，就是生命是否开心、快乐；教师每天在学校工作中过得是否有价值，就是生命是否有价值，这就是职业价值和生命价值的统一，是学校教师文化的魂魄所在。

做"生命价值与职业价值相统一"的幸福教师

我校的办学目标为"将学校办成求知进取的学园、健康和谐的乐园、美丽雅致的花园、温馨友爱的家园"。教师的幸福决定学生的成长与发展，当教师们的职业价值成就了他的幸福人生，教师的生命形象就呈现出"阳光、美丽、智慧、合作"的状态。既促进教师的自我实现，又能使学生形成阳光般的心态和健康人格，提高学生的自尊和自信，使学生内心变得越来越充实和富有力量。

管理者应怎样助力教师发展

我们的教师群体基本分为三层，青年教师、中年教师、老年教师，在不同的层面会有一些普遍问题。例如：

青年教师的问题：责任心不强、业务不精、研究意识差，眼高手低。

中年教师的问题：随着人生阅历的丰富，教学经验的积淀，在工作中呈现出默默无闻、波澜不惊的状态。怎样二次发展，突破转型升级的"瓶颈"是普遍问题。

老年教师的问题：随着工作年限的增加，年龄的增长，工作热情和活力逐渐消退，奋斗目标模糊，职业情感倦怠。

应对措施：

对于青年教师要加强引领，以激励为主，创设氛围，激发热情。

对于中年教师要因人而异，搭建平台、创造机会，在适合的岗位上发挥其最大价值。

对于老年教师，要发挥他们的效能，传播正能量；参与管理，发挥他们的智慧，让他们体验到自身价值，感受到在学校中的地位和重要作用；积极帮扶，从敬业精神到业务指导全面帮扶，在积极帮扶过程中，老年教师也会发现自身的不足和滞后，从而达到了师徒共成长的目的。

工作中，我们既是管理者又是被管理者，"职业价值与生命价值的统一"是我们不懈的追求。

◇ 谭老师：新学期组织变革带给我的思考

本学期为进一步推进扁平式管理，我校进行了新一阶段组织变革。开学仅仅两个月就有了很大的变化。我就结合我们的体育文化节来谈谈我的体会。

体育文化节的工作在开学的工作计划就已上会讨论了，每个人都知道这是我们四月份的重点工作。组长和老师们从开学初就在为这次活动进行着铺垫。首先是借家长会向家长们传达体育文化节的活动目的，同时借家委会的力量推进工作进程。我就以二年级为例。此次体育文化节的服装从选款式到收款再到发放服装，每个环节都是家长委员会的主力们组织各班家长讨论，最后达成共识。有个别家长不配合的，家委会就积极主动地与之联系，传达精神、解释用意，最终达成一致。使我们以往最头疼的事可以顺利解决。老师层面也是如此，为了达到本次体育文化节的目的，组长和老师们都早做了打算。他们在课余时间都会商讨体育文化节的相关事宜，查阅其他学校的体育文化节入场式，看我们以往三届体育文化节的入场式，绞尽脑汁想办法，挖空心思出主意。好多次都看到二年级的老师们，把体育杨老师请到办公室，一起商量二年级的入场式怎样展示最完美。他们一会儿因为意见不统一争得面红耳赤，一会儿又因为沟通顺利拍手叫好。看到各个年级在操场上的彩排先是争先恐后，然后又是彼此谦让。

感悟——思想认识的变化决定了态度的转变

家长的责任意识有了明显的改变，能够意识到教育绝不是学校一方面的事，需要家校合力来提供给孩子良好的教育环境。家长已经把自己看作学校的一员，班级的主人。

教师的主动意识。我们的团队是高智商的组合，我们的老师们也是人才济济，各有所长。体育文化节不光是学校的事，也不光是某个老师的事，而是我们为孩子们精彩绽放而筹办的盛会。我们在尽可能为我们的孩子创造体验机会、展示机会，学生才是我们服务的对象。所以教师们都在充分利用这次难得的机会为自己的学生精心策划，劳累着，快乐着！

联想——由课堂上的进与退想到了管理上的进与退

在课堂上，我们一直追求着教师能适时地进与退的最佳课堂。通过最近的一些工作，我感觉到我们的管理工作又何尝不是呢？管理也需要适时地进与退。管理干涉得多了就会限制老师的创造空间，就会抑制老师的能量释放。我们对教师的管理也要勇敢地退、适时地进，给教师们方向的引领，不局限方法的固化。放开手我们会看到更多的惊喜。

反思——关注人的变化才能提供更好的服务

世界在发展，人作为社会的个体也在发生着变化。新时期的学生已不是什么都不懂得孩子，他们现在的信息储备是我们不可估量的，为了更好地服务每个学生，我们每个教师都要继续学习，改进自己多年因循守旧的意识。坚守的不一定是对的，学生变了，老师们变了，也就是我们的组织机构发生了变化，要想让这台"大机器"正常的高效工作，管理的方式方法也必须改变。变是为了更快的适应，变是为了更大的成效，变是为了更好的服务。

◇ **田老师：六年来的改变——幼儿园大班组**

由一个小故事想到的

一群人聚在一起闲聊，其中一名中年人无意间提到，一双劣质的袜子改变了他的一生。众人皆不信，于是这个中年人便娓娓道来。

在中年人还年轻的时候，有一次和朋友相约，打算去远方旅行。出发前几天，他却因为伐木时不小心弄伤了脚。

当时脚上的伤口很小，他也不以为然，随便敷了药，便不去管它。没想到，他所穿的那双劣质袜子上，深色的染料具有某种毒性，污染了他脚上的小伤口，造成严重的发炎。

眼看脚上的伤口令他的脚肿到两倍大，不得已，只好取消和朋友一起去旅行的计划。正好当时有一位著名的演说家，来到他所居住的镇上，闲在家中无聊的他，也就撑着拐杖，去听那位演说家的演讲。

一场演讲下来，演说家所说的内容，深深地打动了他的心，让他觉得必须改变自己的生活，甚至决定继续求学，为将来做好最适当的准备。

从那一天开始，因为袜子引起脚发炎的这个男子，在一切的事情上都加倍努力，不再虚度时光，他的人生也因此有了极大的转变。

他的名字叫作詹姆斯·加菲尔德，后来成为法国总统。

所以说改变固然重要，更重要的是朝着什么方向改变？跟着谁改变，我们跟随宋校长前瞻性的教育理念和实验二小永定分校这个良好的平台朝着好而优改变着。2010年，我们搬入了新校址，迄今为止已经六年了。六年来，我们改变的不仅是新校舍的优美环境、教学硬件，我们改变更多的是管理模式，而恰恰是宋校长管理模式的改变，让我们实验二小永定分校的学生们、家长们、老师们都有了巨大改变。

几位转岗教师的改变

六年里，我们大班组的一些老师由于各种原因有了岗位意识的改变。刚来幼儿园时她们的心情是这样的：作为一名转岗教师，从熟悉的小学来到陌生的幼儿园，有点茫然不知所措。现如今他们在幼儿园已经工作了几年，在这几年里有欢笑，也有泪水，有工作的困惑，也有各方面的进步。

郝老师、杨老师和赵老师作为保育队伍中的一员，从面对哇哇啼哭的幼儿会懵，到学会了去关心、去哄孩子，逐渐和孩子成为朋友，这其中有着她们各自的改变，开始积极参与园里组织的各项活动，认真学习保育知识，并把理论在实践中努力实施。她们在学习活动中很快乐，收获了很多，也改变了很多，与教师的融洽度、配合度也越来越高了。

杨老师对六年来自己的改变也有着深刻的认识。2010年，她是一名小学语文老师，教学多年一直就是自己闷起头来教书。在宋校长主张扁平式管理模式下，懂得了和老师团结协作。2014年因为身体原因，到幼儿园工作，能够很快适应幼儿园的工作节奏，虽然自己身体不好，但心态阳光，尽其所能地完成本职工作。

而同样需要重新学习的还有刘老师和韩老师，她们两个承担着主班的工作，都是从门外汉到幼儿园主班教师，这是专业上的跨度。她们的改变首先是思维的变化，没来幼儿园工作以前她们认为幼儿教师就是看看孩子，可是通过这六年来在幼儿园的工作，认识到幼教是基础教育中重要的组成部分，更需要具有专业化的素养和更专业的知识。这些年中她们一点一点地加强自己专业知识的学习，从而运用到自己的工作中去。升入主班后，从开始不敢承担活动到逐渐开始做研究课。在改变中体会着做一名幼儿教师的幸福。

我们组的李老师在幼儿园工作13年，曹老师工作了11年，而我也在幼儿园工作了10年，我们见证了学校的发展，自己也获得了发展。六年的时间一届学生都毕业了，她们在我校办学理念和丰富的课程影响下，成为乐学的孩子，这使她们终生受益。而同在这片沃土上的我们，在"爱为源，人为本"的理念下，也发生了变化。

最重要的是教育观念的改变。刚刚走入这所小学附属园的时候，我们就单纯地认为幼儿园的教师就是幼儿园里的这些事，自己班级的事，眼界很窄，其实并非如此；在学校的理念引领下，在课堂文化学习中，我们在开展多种多样的活动中，引导她们师幼对话、生生对话，从而获得积极的情绪体验和技能的提升。

团队意识的改变

通过个人的改变，带动我们的集体改变。

六年里我校倡导的是"爱为源，人为本"的理念。校长时刻都提醒我们是一家人，家人间相互关怀，有事一起出谋划策，相互补台。领导还会在每位员工患病、有困难时走进教师家中进行关怀，使我们深刻感受到这个大家庭的温馨和幸福。争做和谐团队，大家不再是各干各的，现在更多的是团队作战，无论做课、替班、接待活动，大家都齐上阵，一起研讨计划，做准备工作，一起面对困难，一起迎接挑战，人人都成为这个大家庭的主人。

六年时间，深刻感受到学校日新月异的变化，逐渐成为门头沟区名校，甚至是市级名校。作为学校的教师，我们感到很自豪，也很幸运。我们会继续前行，与时俱进，为学校的发展奉献自己的一份力量。

改变——我们一直在路上。

第七节　在培训中修炼成长

2014年7月，经过前期的评审考核，我成为北京市首期名校长工程中的一员，有幸得到季苹教授、李烈校长及胡荣堃博士的指导。从此，每周都要抽出时间全身心的投入学习，虽然辛苦，但不"心"苦，精神上是兴奋的、愉悦的、充实的。曾跟李校长开玩笑，"每次小组活动都好似一次炼狱，从早到晚，不眠不休。"

9月18日是我们第一次集中培训——卡内基培训，主题是"沟通以理解为主"，令人受益匪浅。

列夫·托尔斯泰曾经说过："与人交谈一次，往往比多年闭门劳作更能启发心智。思想必定是在与人交往中产生，而在孤独中进行加工和表达。"在日常工作中，不难发现，沟通能力所占的比重越来越大，有效沟通至关重要。

在我的学校，大体可以划分为这三类人：一类人工作是为了生计，上班来下班走，做一天和尚撞一天钟，重复以前大多数人的生命轨迹；第二类人是埋头苦干，兢兢业业墨守成规，只顾低头拉车，不懂抬头看路；第三类人是智慧型，既脚踏实地，又仰望星空，追求生命价值与职业价值的内在统一。其中多数为第二类人，他们习惯于站在自己所处的"点"上埋头苦干，而不去思考自己的工作在流程中的价值，更不知道自己在组织内的作用，这显然是沟通出了问题。作为管理者，应明确说明对工作的整体思路和要求，让老师们明确自己的方向，明确地去执行，打造高效的执行力。管理学家白勇曾经说过："执行力的角色存在三个层次，不管是最高领导者，中层管理者，还是一线执行人员，都要定位好自己的角色，做好自己的工作。"只有有效的沟通，每个人才能找到自己的角色，从上而下达成一致，才能共同描绘学校发展的蓝图。

　　反思自己，在日常管理中，我的脾气有时急躁，在突发状态下有时忽略了沟通的方式和技巧。此次培训使我有了更深层次的思考。我也组织全体中层以上领导一起学习《沟通零误解》一书，将培训的精华，自己的感悟与大家分享。

　　作为实验二小教育集团的一所分校，平时与李校长的联系还是比较紧密的，但是随影式学习却从未有过。李校长已经60多岁，依然精力充沛，从早忙到晚，实验二小教育集团如此庞大，工作量可想而知，但从未在她身上看到一丝倦容。她的博学、睿智、执着、精细，对每一位师生来说是引领、是鼓舞，更是一种精神的感召。吕型伟说："教育实践、社会实践是校长们成长的最好环境，真正的教育家都是诞生于教育实践中，而不是出现在书斋里"。在实验二小这个实践舞台上，我看到了老师和管理者们的精彩。

　　印象最深的是参加总校行政会，年级主任是主角，以抢麦的形式将日常工作的收获、反思、困惑与大家分享，往往一个问题会讨论两三个小时，大家争先恐后，献言献策，气氛之热烈令人感动。我突然感悟到原来行政会也是一个培训的过程。回校后，我组织领导干部和年级组长通过网络云平台两次观摩总校行政会，一同感受管理的精髓。同时，改变我校行政会固有模式，深化扁平式管理，让年级组长参与每次行政会。年级组长是最接地气的，她们所反映的情况代表大多数老师的意见，也最能反映出学校管理中的问题。只有将学校的管理重心下移，学校发展的根基才更牢固。

2014年9月29日，李烈校长、季苹教授、胡荣堃博士和组内两位校长一同走进我们学校，这样具有针对性的下校指导机会实在难得。为了使专家了解学校重点和亮点工作，解决学校发展所面临的"瓶颈"，我安排了两项内容。一项是走进刚刚入学两个月的一年级听课，在课堂教学中感受学校的课堂文化和课改成果；另一项是听取我的"学校文化建设"汇报，文化是一个学校的魂，学校文化建设尚在初期，需要专家的引领和指导。

活动结束后，两位导师不约而同地提出管理要目中有人，心中有人，关注人的发展。一席话使我犹如醍醐灌顶。教育的最终目的就是要关注人的发展，导师一针见血的点评使我意识到学校七大文化中，更多的是站在管理者的角度考虑问题。只有激发了教师的内驱力，相信自我，悦纳自我，欣赏自我，才能引领教师追求生命价值与职业价值的统一，成为最好的我。学校七大文化尚处形成初期，七大文化之间还缺乏内在联系，这些都是需要下一步继续探索和研讨的。

一系列的培训与实践，为我今后的学校管理开阔了思路，思想更加走向理性自觉，就像蒙田所说，"我不愿有一个装满东西的头脑，而宁愿有一个思想开阔的头脑"。人生即修炼，教育即生长，我也会不断地在学习中完善自己。一个有生命自觉意识的校长必将收获生命成长的喜悦，获得生命成长的满足和自由。

第八节 改变教师，先改变校长

在学校，学生是学习活动的主体，教师是教育教学工作的主体，可以说，二者构成了学校场域中最核心的人的要素。教师的发展与学生的发展处于同等重要的位置，没有教师的发展，学校和学生的发展终将落空，也正是在教师发展的基础上，学校的理念真正得到落实，学生的发展才成为可能。

教师的自主发展是指教师的自发主动发展，自发主动发展表现为教师的一种生存方式，是教师个体自觉主动追求教师职业价值与职业幸福的过程；同时，表现为教师对学校发展的自觉思考、自觉行动与自觉反思。

教师自主发展的影响因素研究表明，教师自身的教学效能、职业认同、教学能力、研究能力等内在因素，及学校的行政管理风格，学生、家长的信任支持，宏观政策的调控等外在因素，共同影响着教师的自主发展。

关于校长对教师自身发展的影响，国内外研究越来越看重校长的榜样和垂范作用，如有研究者指出，校长要作为教师专业发展的先行者，要作为教师专业发展的引路人，要成为积极主动的好榜样。

北京第二实验小学永定分校位于门头沟石龙经济开发区，属城乡结合部，始建于1908年，原名永定中心小学，是一所百年老校。学校几经拆迁合并，现在是一校三址，有本部校区、冯村校区和附属幼儿园，1~6年级在校生1400余人，学前幼儿500余人。2006年3月，在北京市政府"名校办分校"政策指引下，学校正式成为北京第二实验小学分校，2009年更名为北京第二实验小学永定分校，2010年10月20日，本部校区迁入新址。成功牵手名校后，学校披星戴月，夙兴夜寐，全力奔跑，一刻也没有停下发展的脚步，抓住了一系列发展机遇，先后启动"一三五七"行动计划，加入北京市遨游计划项目校，积极推进课程改革，构建"育鹰"课程体系。秉持"稳定中求发展，改革中求创新"的发展思路，学校一跃成为门头沟区小学教育的窗口校、门头沟区小学教育的一张名片。

同时，学校在师资上也发生了明显变化。学校现有教职工165人，其中，市骨干2名，区骨干24名，教师平均年龄36岁。学校现有教职工均为大专以上学历，一线教师均为本科及以上学历，有硕士研究生5人，还有一批青年教师已经成功考取或正在积极考取在职硕士。可以说，学校的教师队伍是一支比较年轻的、学历层次较高的队伍，许多教师在教育理念、教育行为及对教师职业内涵的理解和追求上，较之过去发生着比较深刻的变化。

但是，作为校长，我敏锐地觉察到，在学校牵手名校、高速发展了5年后的当下，教师群体虽处于良性发展之中，却存在着发展疲惫和动力不足的现象。迁入新址6年来，学校硬件逐渐完善，文化推进浸染，课程全面改革，赛事活动频繁，在学校高速发展的过程中，教师们在学校的推动下，主动被动相结合地成长着，但却也可以清晰地感受到，教师们似乎并没有真正享受到学校高速发展带来的喜悦，也并未在学校的高速发展中主动求变，而是仍然比较被动，同时，一种长期奔跑所带来的疲惫油然而生，甚至，这种疲惫还导致教师出现职业倦怠的倾向。

为了验证这一观察是否准确，我特别做了"关于实验二小永定分校教师职业生存状态的问卷调查"，并对数据做了初步分析，得出以下结论：第一，教师对学校教学管理中的制度及执行较为满意，但在学校对教师个体的了解度及关注度上，不是十分满意；教师群体形成了较为良性的团队关系及人际关系，让教师整体感受轻松、满意；学校环境建设基本能够满足教师需求，让教师感到轻松、舒适；教师能够热爱教师职业，从教师职业中收获快乐，但普遍认为付出多，回报少（主要是学校层面的认可和回报）。第二，教师整体认可校长的领导能力，认可学校的既定机制，认可校长对教师业务能力的评价及关心；教师期待校长与其发生更多形式的非正式互动，包括朋友式的交流、真正关心教职工的生活和困难等。第三，被调查者普遍认为老教师具有丰富的经验，但身体相对较差；中年教师工作积极热情，有方向，但上有老、下有小，家庭负担较重；青年教师谦虚、积极肯干，有创新能力，但工作经验少，遇事承受力较差。基本上所有的调查者都认为学校业已形成了教师文化，并且认为教师文化在各项活动中得以体现，有个别教师认为教师文化应该继续沉淀。第四，教师们的需求大体可以归为几类：学校更新图书资源，为教师配备专业可读的书籍；多为教师提供外出学习的机会；多为教师提供展示平台；多关注教师身体健康。

由教师们的心声可见，学校快速发展，而教师们却似乎并不感到幸福。由此可见，如何让教师从"被发展"走向"自主发展"已经成为学校，成为我必须面对的问题。

我尝试着采取一定的措施，如：开展教师文化大讨论，让教师们讨论我校的教师应该具有怎样的精神风貌；督促开展针对不同群体的教师培训，如青年教师读书沙龙、班主任培训、学科教师培训，给教师讲学校的各种发展愿景，号召教师主动求变，自主发展。同时，我想以课题为突破口解决教师自主发展问题，课题的研究方向也几经变动，由学校文化变为课程建设，又变为队伍建设，但是，这些似乎并未收到理想的效果。在校长和学校的推动下，教师能够主被动结合地工作，也呈现出努力的状态，但是，并没有从精神上发生蜕变。这其中，最明显的外在表现是校长与教师行动步伐的脱节：在学校发展中，校长思维、意识快，教师跟不上。

我迫不及待将困惑说与两位导师及胡博士听时，得到的不是一个答案，而是一个我从未思考过的问题：在学校发展中，校长思维、意识快，教师跟不上，是教师之过？还是校长之过？当头棒喝似的追问使我顿悟——教师之不幸福，实吾之过。解决校长与教师步伐不一致的问题有两个策略：一是校长返身以各种手段催促教师前进，这是我发现问题后一直做的；二是校长改变自身，通过自身的改变，引导教师发展。对于教师而言，前者校长的角色是监督者，教师的发展是被动的；而后者，校长的角色是服务者、引领者和示范者。在服务、引领和示范中，校长与教师肩并肩，和教师一起变；教师在与校长共同改变的过程中，获得改变的榜样、动力与勇气。校长、教师相互促进，共同探寻教育发展和自身发展的途径，以校长和教师的共同改变促进学校的发展，实现"我和我的教师一起变"。作为校长，在追求学校发展的过程中，我总是想着怎么改变教师，但很少思考如何改变自己。时间长了，校长和教师之间的距离越来越大，表面看上去是教师跟不上校长，甚至会感觉校长很先进，而实际上却是校长的思想和行为脱离实际，脱离教师。这样的结果是，学校工作的深入发展越来越困难。要想改变这种状况，只有先改变校长自己，才能促进教师的真正转变。

人的思维方式决定人的行为方式，校长的思维方式决定着校长管理的方式和效果。校长改变的核心是管理思维的转变。转变校长思维方式，才能促进教师自主发展，让教师感到幸福，让学生真正受益，让学校办学品质得到真正提升。因此，转变校长管理思维成为解决学校"瓶颈"问题的关键。

第九节 关注"事"背后的"人"

北京第二实验小学永定分校自2006年起成为北京第二实验小学的分校，尤其是从2010年迁入新校址的6年来，实现了有目共睹的大踏步的、跨越式的发展，已成为门头沟区窗口学校，学生家长首选学校之一。反思快速发展的原因，主要有两方面：一是借力总校。学校成为北京第二实验小学的分校之后，领导班子及时调整心态，提出了"认同文化，传承理念，归零心态，因地制宜"的工作思路，并进行了全方位浸润式的培训：建校之初，总校派两名教师来校引领课堂教学，学校也分批次派遣领导赴总校跟岗学习；学校优秀青年教师与总校教师结成师徒对子，每年选派1~2名优秀教师赴总校顶岗学习；通过积极参与云平台、大爱杯、集团校视导等活动及时吸纳总校最先进管理文化，助力学校自身发展。教师及学校在这样的归零与浸润中，发生了可喜的变化，精神面貌焕然一新，逐渐形成了自己的文化特色和管理特色。二是借力课改。2013年，学校加入了北京市中小学遨游计划项目，成为"遨游项目校"，这使得学校在课程建设上有了一定的自主权，因此，对原有课程进行了删改增减，形成了"一体两翼六大领域三类"（一体：育人目标；两翼：人的两大核心素养——人文素养与科学素养；六大领域：语言、科学、艺术、健康、社会、综合实践；三类：基础类、拓展类、提升类）的"育鹰"课程体系。而今，虽不敢说课改已是硕果累累，但在"育鹰"课程体系的引领下，语文主题单元教学、入学课程、毕业课程、外教课程、主题研究课程等100余门课程正有声有色，春满校园。

借力总校，借力课改，学校高速发展着，教师显著成长着，但是，却也可以清晰地感受到，教师们并没有真正享受到学校高速发展带来的喜悦，并未在学校一项项改革中主动求变，而是仍然较为被动。同时，一种长期奔跑所带来的疲惫油然而生，甚至，这种疲惫导致着职业倦怠的倾向。这引起了我的极大关注，究其原因，是校长在领导学校发展时关注了"事"，而没有关注到"事"背后的"人"。无论是借力总校还是借力课改，学校都是在关注"事"，而忽视了参与主体——教师。典型表现是特别容易看到教师在活动中所表现出来的不尽如人意的地方，习惯了对教师提要求，而认为教师积极工作，成就学校发展是"理所当然"，没有考虑到教师这一过程中的付出及教师在学校发展过程中的实际获得。

如何改变现状，让更多的老师拥有学校发展的获得感？经过一段时间的思考和实践，我逐步将学校管理的重心由关注"事"转到关注"人"，具体包括以下三方面。

一是探索学校管理方式的变革，实施一体化、扁平式管理，增强教师归属感，让教师真正成为学校的主人。

学校目前一校三址，有本部、冯村、幼儿园三个校区，其中本部校区及冯村校区为小学部，学校行政在本部办公。起初，冯村校区与本部校区均按年级各自设组，即学校同一年级有两个年级组和教研组。虽然两个校区之间存在教师的轮换交流，但总体上，由于受硬件条件限制，本部校区学生活动丰富，课堂文化扎实，师生精神面貌生动，而冯村校区则有游离之感。为解决这一问题，学校实施一体化、大组制管理，分校不单独设组，发挥年级组长及教研组长的作用，使冯村校区及本部校区的同一学段的教师共享资源，共同活动，得到平等的成长机会，受到平等的成长关注，不同校区的教师群体更具归属感，更充分体现了学校"以人为本"的办学理念。

在一体化管理的基础上，学校又进一步关注教师的个性发展，因此，又借鉴总校的管理模式，探索了扁平化的管理方式。扁平化管理旨在全面关注教师需求，指导教师发展。学校全体行政领导分别深入到各年级组及教研组，成为各年级组及教研组的特别成员及时了解教师需求，真切关注教师需要及时上传下达，沟通解决，发挥服务和引领的重要作用，使教师的工作更加顺畅有方，心情更加舒畅愉悦。

在学校中，总务人员可能是付出和受关注最不成比例的一群人了，他们每天兢兢业业，尽职尽责地做好自己的本职工作，甘之如饴，却常因工作的琐碎和日常性，而使人们忽略他们的付出，甚至忽略他们的存在。学校三个校区共有25名专兼职的后勤人员，算是一支比较庞大的队伍，可我从未听过他们中任何人的任何一句抱怨。当承担教学任务的学科的大组制和扁平化管理，及在此框架下的论坛和讨论开展得如火如荼，教师团队意识和幸福感迅速提升的时候，我忽然想到了学校中的这群"隐形人"，他们这样被忽视，心中真的没有怨言吗？还是连他们自己也认为自己的岗位就可以被忽视？是否还能激发他们更高的职业幸福感呢？于是，我建议总务团队也实行大组制和扁平化管理，更名为服务中心，并建立微信群，方便交流，也方便对他们进行引领。他们在群中讨论如何打造优质的服务中心团队，大家三言五语，各抒己见，却都真诚相待，互相补台，"我认为总务和服务中心的区别就是把我们从后提升到了前，那就更应该有事事走在前的意识，以服务为中心"，我也及时将他们的讨论与行动分享给更多的领导和教职工，他们的受关注度高了，赞扬声高了，工作也更加主动和有热情。全体教师会上，老师们开始更多地感谢服务中心的主动有为，服务中心的老师们，也积极主动为学校发展建言献策。在服务教师、美化校园的同时，他们主动申请，为学校买来鸽子、鹅等小动物，精心饲养，只希望在实践中，学生们可以通过接触这些小动物，培养爱的能力，收获爱的品质。有一位服务中心老师，还主动关注到我校外地住宿教师的在校生活，向学校提出了她们自己不好意思表达的想法，帮助外地教师解决了困难。

经过一段时间的扁平化管理，干部们感受到自己更容易跟教师沟通，教师们更加支持自己的工作，而教师们也感受到学校更加关注自己的想法和心声，自己对学校的归属感和认可度在慢慢提升。学校每学期末都会评选和谐团队，实施扁平化管理之后，许多年级组或教研组的和谐团队申报，都是该组扁平化管理负责干部和组内的老师们合作进行，展示着干部走进教师，教师关注学校，倾心学校发展的最美画面。扁平化管理使教师们对学校的感觉发生了深刻的变化，学校管理层与教师层不再是两个群体，而是每一个人，都理所当然地成为学校的主人，对学校的发展负有责任。

二是发起"思维运动"，提升教师思维品质，增强教师成长幸福感。

思维决定品质，品质产生幸福。关注教师，最根本最重要的是促进教师思维的改变与提升，让教师在思维的改变中感受到成长的幸福。因此，学校以"改变，成就更好的我"为主题，发起了教师的"思维运动"。每周的行政例会上，领导干部与年级组长以"改变，成就更好的我"为题，结合日常案例，进行管理论坛，我在每期行政例会的引领中，必结合学校工作，谈思维方式的改变；每月的全体教师会上，我均以"改变"为话题，进行思维引领；领导教师随时通过QQ、微信等新媒体平台进行交流，分享点滴感受。这些活动，是让教师在参与中提升思维品质的过程，更是促进教师职业价值与生命价值和谐统一的过程。

慢慢地，"改变"成了教师们的口头禅，很多教师的工作都变得更加积极、主动、智慧，也在主动与改变中获得了快乐，较之前的被动工作、疲惫工作，发生了很大的变化。2016年，恰逢实验二小永定分校迁入新校址6年，完成了一个学校小学义务教育阶段一个周期的发展，2016年六年级毕业生的毕业典礼上，实验二小教育集团校李烈校长亲自莅临，充分肯定了学校6年来的发展变化，称从孩子展示来看，根本看不出总校与分校的区别。教师们更是在2016年的暑假中，以"六年，我们改变了什么？"为题，进行了主动的总结与思考。新学期的管理研讨会与新学期第一次全体教师会上，干部、教师畅所欲言，分享自己迁入新校区6年来的成长箴言：教育观念上更加以人为本，课堂教学上更加以学论教、进退有度，学校管理中更加有大局观念，同事相处中更加团结协作、相互补台。从教师们的状态中及从教师们的分享中，可以感受到，6年时间里，尤其是以"改变"为主题开展的管理论坛之后，学生、教师、团队和学校都发生着深刻的改变；每一个人在思想、意识、能力、心态上都得到提升。

　　三是开展"幸福教师"培训，授之以渔，助力教师幸福职业人生。

　　意识到教师群体需要更为积极的引导与关注后，我及时将"知子花"教育机构首席专家曹廷辉老师及他的团队请进校园，连续两个学期的期末安排专门的集中时间，为教师们开展"幸福教师"培训。培训中，"知子花"教育的专家们为教师们带来了积极心理学的先进理念，团队辅导的形式也使教师在同伴的经验分享与互助中，得到温暖和支持。通过培训，教师走进自己的内心世界，认识自我，和同伴交流，彼此了解，体会分享自身的幸福和他人的幸福，增强自信，传递正能量，获得积极的情感体验。在轻松愉快的氛围中，进行心灵的碰撞，加深彼此的了解，提升幸福的情感。

　　曹廷辉老师在第二次培训结束后，特别向我反映本学期的培训中，教师的状态明显比上学期末的培训要悦纳，要积极，参与度要高。教师们也在培训之中及培训之后，积极在微信朋友圈中对培训进行了分享。也许，一次、两次的培训并不能使教师们立刻熟练运用积极心理学，但是，教师们能够对积极心理学产生兴趣，对教师职业有一种幸福的悦纳，也就实现了培训的目的。

第十节 校长，有孩子把通行证丢了

实验二小永定分校是北京市青少年涉台教育示范校，每年都会定期开展涉台文化交流活动。2015年，学校受台湾新北市艺术嘉年华活动之邀，再次进行为期8天的赴台游学活动。

为了此次游学顺利实施，我安排校长助理张老师全权负责。2014年赴台工作就是由她一手操办，此次赴台由她来负责，再合适不过。前期工作开展得还是比较顺利的，张老师周密部署，精心安排，动员家长参与其中，各个环节按部就班地进行。实施过程中，她经常向我汇报每一个环节的进展，然而我心里还是不踏实。由于公务，我不能一同前往，30名师生人数众多，8天时间也不算短，生怕会有什么闪失，我能做的就是时时提醒。

随着时间的流逝，出发的日子如期而至，那一天是周日，我早早来到学校，与家长们一起为师生们送行。出发前，嘱咐张老师每天汇报行程，出现问题一定要及时联系。

台湾地区游学的每一天都很精彩，无论多晚，张老师都会通过微信朋友圈和微信群发布游学内容，同行的老师们无微不至地照顾着孩子们。虽然有些孩子晕车、擦伤、发烧、感冒，但老师们提前准备了常用药，都得到妥善处理。看到老师们的精心呵护，孩子们开心的笑脸，充实而有意义的行程，我很欣慰。前7天就这样在"小插曲"的伴随中度过，转眼到了返回的日子，又是一个周日，我不时看表，感觉时间比平时慢了许多。

中午快12点的时候，张老师打来了电话。看到手机显示是她的电话，我心里一惊，因为整个赴台期间，由于通信不便，我们都是通过微信、短信联系，如果不是紧急状况，她是不会打电话的。果不其然，有一个孩子把通行证丢了，如果不能及时处理，还需在台多滞留3~5个工作日，等待证件补办后才能返京。听到这个消息后，我心里又急又恼，脱口而出，"证件为什么让孩子拿着？为什么没有统一管理？既然丢了，你就陪着孩子在台湾待5天吧！"

放下电话后，冷静下来，发生这样的事，张老师肯定比谁都急，打电话前来肯定是希望寻求解决问题的办法，使师生能够顺利返回，而我的话语使她原本就焦急的心更加雪上加霜。于是赶紧把电话回拨了过去，了解事情的原委。原来早上9点，老师们就发现孩子把证件丢了，找遍了所有行李，层层追溯住过的每一个酒店，并询问同住的室友，寻找蛛丝马迹。在一切无果的情况下及时取消了当天的活动，直接奔赴机场。在机场里一边安排其他师生办理登机手续，一边与导游沟通，想办法解决问题，并已做好了在台陪孩子滞留的最坏打算。多好的老师啊，出现问题怕校长担心，自己想办法解决，在解决无望的情况下，才给校长打电话寻求帮助，而校长却鉴于以往的管理经验，首先想到的是追责，可这又有什么用呢？转念一想，登机时间是下午3点，如果抓紧时间，或许还来得及。沟通过后，我与带队老师分头行动，张老师带着孩子抓紧时间补办台湾方面的手续，我则负责跟北京相关部门联系，希望能够得以解决。

此时正值台湾地区领导人换届选举前夕，两方沟通并不是很顺畅，我接连打了十几通电话也不能确定是否解决了。转眼已是3点钟，登机时间已到，而电话始终未响，难道真得要在台湾滞留吗？3点零5分，电话响了，30名师生顺利登机，我悬着的心也终于落地了。

当我获悉一名学生的证件丢失了之后，首先想到的是追责，所以才有了对带队老师的那一句问难，此时，批评思维占据了主导地位。放下电话，我反思这件事：冷静地想一想，她们可能比我更急，为了不让我着急、上火，积极想办法，这样的干部多好啊，为何要去指责呢？教师积极主动解决问题的思维与能力是多么值得欣赏，真不该看不到教师的努力与优点，而是给了教师这一句责难！于是，我赶紧给带队老师去电，做进一步的沟通，了解到带队教师们发现问题后所做的一系列努力，批评思维转化为赏识思维，并积极面对问题，协助解决。

做校长10多年来，总是认为老师们的思路跟不上自己，总喜欢以批评性思维看待工作中的问题。然而，作为一校之长，如果不能悦纳周围的人和事，又怎能与老师们同心同德成就一番教育事业？如果一味地习惯首先看到教师在事情处理中表现出来的不足，而看不到老师的优点与努力，那么，教师对自我的认识也会失去偏颇，自信心与成就感就会大打折扣，甚至会导致工作中的动力不足。相反，如果校长能够学会悦纳周围的人和事，对于任何事情的处理，不仅关注到结果，更关注到过程，关注到教师的感受，关注教师能力的提升，那么，教师就会变得越来越自信，能力也会在潜移默化中得到发展和提升。

正如不会音乐欣赏的不会成为音乐家，不会文学欣赏的不会成为文学家，不会欣赏教师的校长不是好校长。校长对教师的成就、经验、创举精心欣赏，能起到许多微妙的作用。欣赏是沟通的金钥匙。对待下属犯错，最重要的就是要学会换位思考，其实当做不好一项工作时候，最难受的是下属。而作为管理者，不问青红皂白一顿批评，这样只会让下属产生抵触情绪，不利于问题的解决。我们应该帮助下属发现问题、改正问题。试想一下，一个处处为下属着想的管理者怎么会不受到爱戴和拥护呢？当下属犯了错误的时候，不要急着去批评他，而是和他站在一条战线上，帮助他寻找工作没有做好的原因。这样，下属会努力把工作做得更好。"士为知己者死，女为悦己者容。"教师的优秀品德、成就、经验，校长欣赏之，教师会视校长为知音。校长的欣赏如一股甘泉，使冰雪消融，春和景明，形成和谐融洽、积极向上的人际环境。诚然，赏识不是一味地纵容，要扬其长，避其短，谅其过。

在向赏识性思维转变的过程中，我既通过行政例会、全体教师会、学期初计划会、期末工作会等表达对教师及团队的欣赏，通过学期末评选"和谐团队"，教师节表彰"感动校园人物教师"等活动肯定教师的付出，又通过微信、QQ等新媒体平台进行非正式情感互动，收到了非常好的效果。

例如，"感动校园人物"评选活动。为了弘扬校园正能量，树立身边的榜样,也为了使更多教师的默默付出得到关注和肯定,学校开展了"感动校园人物"评选活动,并在教师节,对获得"感动校园人物"称号的教师进行表彰。"感动校园人物"的评选分为爱岗、爱生、爱校三个方面,获得"感动校园人物"称号的,除了教师,还有组长,有干部,有助教,有外聘教练,有食堂的大师傅。涵盖着学校工作的方方面面。为使更多的教师获得激励,肯定更多教师的付出,第二届"感动校园人物"的评选工作,在第一届的基础上进行了完善,分设"感动校园人物"提名奖和"感动校园人物"称号,让更多的教师受到肯定与激励,感受到学校的关注。李烈校长说:"教师工作不仅是职业,不仅是事业,还是生命的历程,不仅是付出,不仅是奉献,更是生命的收获!"相信"感动校园人物"评选活动可以激发教师的生命潜能,促使教师行走在追寻职业价值与生命价值统一的道路上。

在"感动校园人物"评选中,一位位感动校园人物脱颖而出,他们中的大多数,并没有什么耀眼而辉煌的事迹,而是在自己的岗位中,兢兢业业、全心全意地奉献。当这些教师因踏实、奉献、如一,而被评为"感动校园人物"的时候,她们及其身边的教师,都看到了学校对每一位教职工的认可和感谢,对学校的归属感更强了,在工作中也变得更加努力,更加主动,以使自己无愧于"感动校园人物"的称号。

在"感动校园人物"评选活动的基础上,学校还开展了"和谐团队"评选工作,帮助每一个团队、每一名教师积极贯彻落实学校"爱为源,人为本"的办学理念,践行"阳光、美丽、智慧、合作"的教师文化;力求全组成员团结协作,组内形成"讲学习、讲科研、讲爱心、讲合作、讲正气"的良好氛围,强化团队精神,促进个人和团队同步发展。通过申报和演讲,结合日常团队表现,一个个和谐团队脱颖而出。在和谐团队评选中,老师们之间加强了了解,增进了友谊,更凝聚了精神。现在在学校中,每一位老师都在追求更高的工作标准和所在团队的更好发展。一位位爱岗敬业、无私奉献的教师组成了一个个和谐团队，一个个和谐团队组成了充满爱的大家庭。在这个温馨友爱，互帮互助，智慧求变的大家庭里，每一位教师尽情悦纳生命，追求生命的精彩。

"感动"与"协作"不仅弥散在年级组里，更弥散在学校大家庭中。学校的临时工马师傅可谓身兼数职，既是司机，又是学校的电工，因此总能在校园中看见他忙碌的身影。晚上9：00学校停电了，马师傅及时赶到学校，排除了故障，住宿老师们没忘在学校微信群里为马师傅点个赞，"马师傅现在才离开学校，学校电力全部恢复，感谢马师傅让我们住宿的老师拥有一个明亮的夜晚。"接受多项任务时，马师傅能够智慧协调工作，老师们也不忘在教师群里，为马师傅赞一个，"任劳任怨的马师傅中午休息的时间，进城送专家，顺便把谭主任给华应龙校长的光盘送到了总校，提高了效率，节约了资源，我要向马师傅学习，竭诚为各位家人服务。"当每一项年级活动成功举办时，在微信群中感谢团队，反思不足，更是已经成为学校各项活动的常态。有什么是比教师个人和团队积极、主动、快乐工作，更让校长欣慰的呢？

学校曾经在连续三天的工作中承接了四项市级重大活动，领导们相互补台，师生们精神饱满，四项活动均取得了圆满成功，之后，我在行政领导微信群中由衷发出这样的感慨：刻骨铭心的一周结束了！说什么呢？大家辛苦了，你们真棒……我觉得都不重要了。师生的大气、自信都写在脸上。领导、客人的赞美羡慕就是我们的真实获得。校荣我荣，更多的是体现我们每个人的价值！周末好好休息，有你们真好。有干部回复：最近您变化挺大呀，得到赏识的感觉真好。

受雾霾影响，学校"停课不停学"，当时接到通知时已接近晚上9点，但全体领导、教师和家长迅速响应，班主任老师立即通过电话、短信、微信等通信方式联系每一位学生，确定到校人数，布置作业；家长们也伸出援手，帮忙联系相熟的家长；领导则是一边按照扁平化管理的分工，关注各自年级的情况，一边有条不紊地安排学校的各项工作，可以说应急方案的启动忙而不乱，紧张有序。领导、教师及家长们第一时间在微信群中分享着工作进展与感悟，持续到深夜仍不知疲倦，我在深深感动之余，也用文字深情回应："各位家人们，辛苦了！这个群106人都是我们家里人，恶劣的天气给我们留下了许多珍贵的东西。我们把办学理念落到了实处，真正关注每一个孩子。既然我们已经踏上了爱的道路，必将风雨兼程，无怨无悔。我已收到许多家长的微信，担当负责的态度已经感染了她们。你们在家也好值班也罢，我要说我们实验二小的家人与众不同。辛苦了！"教师们看到我的感言，也纷纷回应："看来雾霾、停课已经成为我们应该应对的'新常态'，我们一定在学校的带领下，做好这项工作。""以爱育爱，以人为本，是我们实验二小永定分校教师的本色，教书育人，关爱学生，是我们每一位实验二小永定分校教师的职责，在雾霾发生的时候，我们更有责任对学生和家长做出正确的引导。以后无论发生什么事情，只要我们秉持学校的理念处理，就一定能够得到家长们的支持与理解。"校长与教师相互感染，感动在不言中，行动在不言中。

第二章 我和学生一起变

第一节 让每个孩子都精彩

由于工作需要，2009年我被调入当时全区最大的学校——北京第二实验小学永定分校，于2010年正式迁入新校区。面对设施条件一流的崭新学校，我想：这所学校的校长应是一位怎样的校长？教师应是怎样的教师？从这所学校走出的孩子应具备怎样的特质？经过反复思考，形成了核心问题：我要办一所怎样的学校？培养出什么样的人？

爱默生曾说过："思考是行为的种子。"有了这样的想法，我与同事们共同研讨，一起构建出学校的办学理念：以爱为源，以人为本；办学目标：求知进取的学园，健康和谐的乐园，美丽雅致的花园，温馨友爱的家园；育人目标：培养崇德善学、饶有特长、身心健康且具有国际视野的大写的人；核心的价值追求：让每一个生命都精彩！

有了这些理念、目标，一所学校就有了灵魂，我也找到了前进的方向。但挂在墙上，写在纸上，说在嘴上的都是空谈，学校的顶层设计归根结底要落实到每一件事、每个人身上。如何真正落实呢？做校长的不但要会讲，更要会做。托·富勒曾经说过："行动是知识特有的果实。"只有这样才能引领干部教师朝着共同的目标努力。

让每一个生命都精彩，首先应认识到每一个孩子都不同。从事教育工作多年，我们往往习惯把孩子装到容器中，培养成老师心目中相同的那个人。家长也在推波助澜为实现自己的目标去培养孩子。大家常常讲"目中有人",我想这个人一定是不同的人。苏霍姆林斯基曾经说过,"从我手里经过的学生成千上万,奇怪的是,留给我印象最深的并不是无可挑剔的模范生,而是别具特点,与众不同的孩子。"培养"不同的人",是尊重个性差异的表现。努力关注到每个孩子,是学校的责任,更是家长的期盼。

关注到每一位学生,让学生在改变中快乐的成长,在改变中找到自己的精彩。

第二节 "宋校长,我也可以这么优秀"

她是学校一位老师的孩子,上幼儿园时跟着妈妈在我校附属幼儿园上学,她活泼外向,非常招老师们喜欢,我对孩子也有很深的印象。

上小学时她回到了户口所在地,在城区的一所重点小学上学。经常听我们这位老师说,孩子在那里学习状况并不是很好,在学校也不太开心,老师也关注不够。就在孩子上二年级时,这位老师找到了我,看到自己学校的孩子们在特长与展示中尽情的发挥,看到他们每天开心的笑脸,自信的表情,再想想自己的孩子,每天在噩梦中惊醒,在无休止的作业中挣扎与反叛,这位老师感觉到为孩子的选择是错误的,希望孩子还是回到我校,希望孩子还可以重新找回自信,能够找回快乐的学习生活。我欣然同意了。

三年级,孩子转回了我校。刚开始来虽然有一些认识的幼儿园同学,但还是有些不适应。每当我看到她,总是鼓励她和同学们多交往,有什么特长或喜欢什么活动可以报名,也可以参加比赛。她总是点点头,但从她的眼神中我看到了对自己的不自信。老师们对新来的她也非常关注,每当她正确的回答出问题时,老师们总是及时地表扬,希望她能够快速地融入集体,希望每天都能看到她的笑脸。

我校组织的3D比赛她入选了,听她妈妈说,孩子每天回家练习,但是孩子自己觉得肯定拿不上奖,没有信心。那是一个星期一,老师们在升旗仪式上宣布获奖人员，我正巧站在她的旁边，在宣布到3D打印比赛时，我看到了她一直低着头，可能是紧张，也可能是认为自己不会获奖。获奖的顺序是从三等奖到一等奖，她的头越来越低，可能没有听到她的名字吧。当最后说到一等奖，当她听到她的名字时，我看到她的眼睛亮了，她兴奋地跟我说："宋校长，我也可以这么优秀！""是的，你一直很优秀，只不过你自己没有发现，我相信你在其他方面也是一样的优秀。"我高兴地对她说。她的眼睛透着那股我从未见到的自信。

从那之后，听老师们说，她举手的次数越来越多，回答问题声音越来越洪亮，一些作业在学校就能快速完成，和同学们也消除了陌生感，融为一起。数学老师还表扬她能站在讲台上为同学们讲解难题了。在期末考试中，她各科成绩都上了优。在校园中，也经常能看到她的笑脸，她慢慢喜欢学校的生活了。

看到了孩子的变化，我由衷的高兴，一个小小的活动，一次小小的成功，一次自信的体验，可能我们觉得这太渺小，但这就是孩子的世界，这渺小的事情，可能改变她的一生，让她成为一个快乐的，一个积极向上又充满阳光的女孩，让她找回了从前的自己。

第三节　做最好的自己

中国有句俗话"龙生九子，九子各不同"；西方也有句格言："世界上没有完全相同的两片叶子！"是啊，每一个人都是独一无二的，既然这样，就做个最好的自己吧。

他是一个特殊的学生，又是一个让人温暖的孩子。

自从一年级入学我就开始关注他了。他性格怪癖，和同学们不爱沟通，情绪不够稳定，经常发小脾气，喜欢自言自语，课余时间以单独玩游戏为主。我向老师了解他家庭情况，原来是单亲家庭，爸爸曾带他做过智力测查，因为不太配合，智力稍低于正常水平。

一次，学校中午加餐吃粽子，我正从他们班门口经过，看到他费力地在拆粽叶，我走过去帮他拆开，他看到笑笑说："校长，您吃吧，这可好吃了！"我当时心里一种莫名的感动，可能这句话在别的孩子口中说出，我不会有如此强烈的心理反应。"你吃吧，我已经吃过了。"我和蔼地对他说。他腼腆地低头吃起来。他会把自己觉得最好吃的东西让给我，是一个多么让人能感受到温暖的孩子啊！

让每一个孩子都精彩，怎样让他找到自己的精彩呢？我积极与老师和家长沟通，感觉他非常喜欢画画。在画画中有自己独特的想法，而且色彩搭配很好。于是，发挥他的特长，在学校加入了社团，课余时间玩游戏变成了画画。而且有时把自己画的内容讲给家长和老师听，无形中让孩子敞开了内心，增加了沟通能力。他的画被选中参加各类比赛，并取得了很好的成绩。

画画帮他安抚了愤怒的情绪，给他带来了自信，让他学会了沟通，他现在回家会主动写作业，上课也会认真听讲，虽然还是比别人的节奏慢，但是跟自己以前比，已经有了长足的进步。老师和家长提到孩子，都感觉变化很大，每个孩子都是独特的，也都是不完美的，我们最重要的是了解我们的孩子，静待花开，在这个过程中，享受孩子不完美给我们带来的教育智慧。

看到孩子的改变，我由衷的高兴。我只想说，在我们的人生中，我们需要静下心来，倾听心灵深处的钟声。人生是诚挚的，人生是实实在在的，但人生又有太多的喜怒与悲欢，太多的烦恼与惊喜。但不管是什么样的人生，当你投身自然的那一刹那，你只要坦然面对自然中的宁静致远。让微笑伴随你，走出冬天的心情，积蓄着所有的力量，如同一只曾经受伤的雄鹰，怀着对天空的渴望，展翅飞翔，我们没有理由选择放弃，既然选择了远方，向前就是我们唯一的目标。孩子，在人生路中，只做最好的自己。

第四节　校长，生日快乐

2016年毕业典礼如期而至，这拨儿孩子有点不寻常，他们是2010

年迁入新校区的第一批由一年级直至六年级毕业的孩子,他们成长的经历也是学校六年来发展变化的历程。

按照活动程序,学校与孩子们互赠礼物后是校长的毕业致辞。我正准备上台,但这时剧场响起了生日歌,主持人饱含深情地说:"同学们,今天真的是一个特别的日子,是你们告别母校的日子,也是我们最尊敬的宋校长的生日!让我们共同唱响生日歌,祝宋校长生日快乐!"全场500余人共同唱起了生日歌,我在后台被这突如其来的"歌声"震住了!一时间脑海里一片空白,激动不已,随后是源自心底的感动,瞬间,泪水竟从我这个大男人眼中夺眶而出……活动结束后,一位领导开玩笑地说:"我们这么多人为你唱生日歌,你也不出来给我们鞠一躬!"心情还没平静的我说:"真对不起!幸福来得太突然了,我有点承受不起!"

多年来,我也获得过许多荣誉:全国名优校长;北京市技术创新标兵;门头沟区突出贡献奖;门头沟创新工程"十大标兵"……

在得到这些荣誉的时候,我兴奋过,也激动过,却从未有过如此心灵的震撼,这不就是自己孜孜以求的教育价值和生命价值吗?我相信,每一位教育者只要真正付出爱,都能够收获属于自己的职业幸福与快乐!

让学生慢慢成为一名大写的人(六年级毕业典礼致辞)

亲爱的同学们:大家早上好!

今天是个特殊的日子,是一个你们应该永远铭刻于心的日子,在此,我谨代表学校,向圆满完成小学六年学业的171名同学表示衷心的祝贺!向六年来一直默默支持和理解我们的各位家长朋友表示衷心的感谢!向默默耕耘无私奉献视生如子的老师们表示感谢!

同学们,你们是"最特别"的一届毕业生。为什么这么说?还记得2010年10月20日这一天吗?刚入学一个多月的你们,从大厂房临时校舍搬进了崭新的新校区,你们是如此幸运,因为你们是迁入新校区后由一年级升到六年级的第一批毕业生，你们的成长也见证了母校六年的发展变化。

同学们，六年前，你们带着一身稚气，怀揣着几许好奇懵懵懂懂地走进小学，开始了人生中第一阶段的学习生活，成为一名小学生。在老师和家长的呵护下开始习得本领，就像雏鹰开始学习翱翔。在校园里，你们快乐地成长着，从此，你们知道了学习的艰辛与快乐，你们懂得了人生的价值与感恩。

为了使你们能够顺利过渡到中学生活，也为了给你们的童年留下美好的回忆，在小学的最后阶段学校为你们"量身定制"了毕业课程，你们自己拍摄微电影、斋堂游学、开展主题研究、体验中学生活、心理调适……在实施过程中我更欣喜地看到你们能量的释放。在这些活动中你们磨砺了意志，收获了知识，开阔了视野，丰富了经历。印象特别深的是你们冒着酷暑从斋堂到马栏挺进军司令部徒步10千米，没有一个掉队的。老师们都被你们坚强的意志品质所感动！我相信，这对于你们的一生都是一笔宝贵的财富。

同学们，你们是"育鹰"课程的受益者，观看你们的汇报我感慨良多。虽然还有一些稚嫩，但我看到了希望。六年来，在"育鹰"课程的孕育下，你们在参与中体验，在体验中收获成功。你们的潜能得到了最大的挖掘，有的人站在了区篮球比赛最高领奖台上，有的人在市区艺术节中取得优异成绩，有30多名同学赴台进行游学交流……没有什么比看到你们成长为"崇德善学、饶有特长、身心健康且具有国际视野的大写的人"更令人欣慰的了。我知道你们当中出了很多校园小名人，如校园小作家范爱然同学，她用近一年的时间写了一本14万字的《小脚印》一书，这是我校建校史上第一本由学生撰写的并公开出版的书。此外我还知道范爱然同学多才多艺，在艺术领域屡屡在市区大赛中获奖；华佳欣同学经过刻苦训练夺得北京市跆拳道冠军；还有那个又瘦又高的大个子李国扩同学，看到他让我想起了NBA骑士队的詹姆斯，是他扛着校篮球队两次夺得区冠军，此外他还是田径场上的一把好手，100米、200

米区内没人能跟他比;"足球明星"何佳旭同学还会说几个幽默的相声段子;京剧小名人安浩然同学刚刚夺得北京市金奖;还有小歌唱家张博豪……我相信,这些在小学培养的兴趣、爱好、特长必将对你们今后的学习、工作乃至生活产生深远的影响。

现在,你们已经圆满地完成了小学六年的学习生活,即将告别母校和恩师,跨入中学的大门,去迎接新的学习征程。当你接到毕业证书的那一刻,你又有了一个新的身份——实验二小永定分校的校友,学校成了你的母校。

作为母校的校长我还想跟你们说两句话:一是慢慢成为一个大写的人应是永远追求的目标,要做一名对国家对社会有用的人,不断提升爱的能力,孕育爱的情感,用实际行动书写人的一撇一捺;二是要认真想一想,六年的小学生活到底收获了什么?

希望你们不要忘记母校,就如同不能忘记自己的母亲一样。其实我也有几分担忧,担忧你们会成为"手机控",把眼睛搞坏,也担心由于肥胖给你们今后带来更多的烦恼,更担心未来的道路充满着未知,你们会被困难吓倒。亲爱的同学们,母校会成为你们永远的自豪,我更希望有一天,你们能成为母校的骄傲!

第五节 教师、学生、家长写给校长的三封短信

有这样三封信,每当读到它们的时候,总给我心灵一种震颤,让我回味自己内心的初衷,让我找到和孩子们一起改变的幸福,让我有了不断前进的动力。把这三封信和大家一起分享,一起从中感悟……

校长,今天有件事,您特别让我感动:从竞拍活动一开始,几乎都是本部四个班在竞价,冯村分校的两个班比较安静,您把自己的竞拍牌

给了分校那个小女生，让她和您一起竞价，五班、六班的家长立刻兴奋起来，能看出那两个班的孩子比本部的孩子缺少自信。您这一举动感动了我们好几个人。我也反思，今后要策划针对他们的活动，真正做到关注每个孩子。

——教师杨××

敬爱的宋校长，我是实验二小永定分校的一名五年级学生，今天就想发自内心地向您表达感谢。我们在原来的旧厂房学校经历了五个春秋。在那个没有操场，没有专业教室的学校度过了心酸又难忘的五年。从去年开始，您不辞辛苦，到处奔波。终于让我们迁入了崭新的新校区，我们听说您为此还累倒了。当我坐在宽敞明亮的教室读书，当我漫步在美丽雅致的校园时，心里无不充满了对您的感激。我代表全校同学向您道一声：校长，谢谢您！校长，我们爱您！我们一定在这美好的环境中好好学习，以优异的成绩来报答您，报答母校！

——五（1）班赵×

敬爱的宋校长，我是二年级四班一名孩子的家长，怀着敬重和感谢的心给您写这封信。

一年级，刚刚入学，参加了您的第一次家长会，我很惊讶，没想到，您直接把您的电话公开给所有的学生家长，并把您的微信公开，为家长搭建起很好的跟您沟通的平台。每个人都知道，这样不但加大了您的工作压力，更使得您一年365天，全部处于工作状态，您的敬业精神让我佩服，更值得我学习。

我家孩子是个娇气、依赖感强、情感细腻的小女孩。在她刚刚踏入校园时，遇到了同桌书皮被撕的事件，事不大，但影响很大，也很不好。当时因个别同学的指责，使得老师和同学都误会了她。无奈，作为妈妈，我无法看到真相，也无法帮到我的孩子，只能和孩子一起委屈地流泪。

当时怀着试试看的心情向您求助，感谢您第一时间进行查证，还给孩子一个清白，让她摆脱这个刚入校园就被冤枉的阴影，让我这个做母亲的没有因为没帮到孩子而感到过多自责和悲伤。

后来您在微信里建立"家长朋友，我的伙伴"这个大家庭群，让我和很多家长感到您作为校长的父母心，教子情，不但实现了家长与校方、不同的年级家长与家长之间的零距离沟通，还经常提供如何教育孩子，和孩子沟通的方法和理念，家长之间也能畅所欲言，互相学习，相互促进。我在群里虽然不怎么讲话，但一直都在看。这里满满的都是正能量，真有家的感觉。

我的孩子学习不好，入学前一点基础都没有，什么也不会，面对她的书本我也一脸茫然，因为我不知道怎么把这些知识一下子装到她的脑子里，一年级第一学期，语文考试竟然最后一名。

在学校，同学都说她笨，有的女生还说她是笨猪，学习不好自然是表扬少，温暖少，快乐少。她原本是个爱说、话多的小女孩，就是因为学习成绩不好，在老师同学眼里，她成了内向的小女孩，在家里准备很好的演讲稿，在学校也没自信不敢讲、不敢说，在班里还经常受小朋友欺负。

在这里再次感谢您，是您的关注、关心、爱护，让孩子有了很多自豪感。回到家，经常讲您牵着她的手跟她聊天，给她讲学校，讲学校里的鸽子，她还说想和要好的同学一起去看。她从过去讨厌去学校，慢慢转换成喜欢去学校。我知道您的关爱与鼓励在她的内心里是很强大的。作为家长，我非常感动。

经过一段时间的努力，孩子学习有了一定的进步，她说一定努力成为一名成绩好的学生。按照您教导的，成绩好是努力得来的，除了努力学习，还要做一个有担当、善良的人。

——学生家长

第六节 "育鹰"计划，让孩子翱翔

在素质教育的今天，什么是孩子真正的需求，学校提供什么样的氛围，学校提供什么样的教育才是最符合孩子的？我们又要把我们的孩子培养成什么样的人？这是每一个教育者思考的问题，也是我一直追寻的问题。

学校处于城乡接合部，生源构成复杂：本地区居民家庭的学生；本区拆迁家庭的学生；来自外区及本区其他村镇的学生；外地务工子女；购置周边高档商品房随迁学生。这些学生具有以下优势：心态阳光、情感淳朴；乖巧听话，热情活泼；思维活跃，求知欲强。一些学生在家庭教育方面存在着或多或少的问题，学生呈现出不足：学习基础薄弱，缺乏创造力；心理素质较差，比较腼腆；语言交际能力欠缺，集体荣誉感淡漠；缺乏良好的行为习惯。

为深入贯彻落实《北京市中长期教育改革发展规划纲要》《门头沟区"十二五"时期发展规划》，全面提升我校学生综合素质，形成大气、博爱、儒雅、自信的学生文化，培养小学生良好习惯和体育、艺术特长，为学生的可持续发展奠定基础。结合地域特点特别是孩子的特点，于是我们制订了北京第二实验小学永定分校学生培养——"育鹰"计划。

一、培养目标

在小学毕业前，要学好一门外语、培养1~2个体育特长、掌握1~2种乐器、写好毛笔字、熟练演唱10首歌曲（国歌、队歌、校歌等）、会背100首古诗。

项目	要求	年级	标准
技能	歌曲	一	《校歌》《国歌》
	会唱10首歌曲	二	《校歌》《国歌》《小红帽》《队歌》
		三	《校歌》《国歌》《小红帽》《队歌》《快乐的哆咪咪》《北京四合院》
		四	《校歌》《国歌》《小红帽》《中国少年先锋队队歌》《快乐的哆咪咪》《北京四合院》《春天举行音乐会》《老师节日好》

续表

歌曲	会唱10首歌曲	五	《校歌》《国歌》《小红帽》《队歌》《快乐的哆咪咪》《北京四合院》《春天举行音乐会》《老师节日好》《校园多美好》
		六	《校歌》《国歌》《小红帽》《队歌》《快乐的哆咪咪》《北京四合院》《春天举行音乐会》《老师节日好》《校园多美好》《茉莉花》
体育特长	拥有1~2个体育特长	一	乒乓球、轮滑
		二	轮滑、乒乓球
		三	篮球、足球、跳绳、跆拳道
		四	篮球、足球、跆拳道、跳绳
		五	乒乓球、篮球、跆拳道
		六	足球、篮球、跆拳道
技能 乐器	掌握1~2种乐器	一	马林巴
		二	马林巴
		三	电子琴
		四	电子琴
		五	葫芦丝
		六	葫芦丝
毛笔字	写好毛笔字	一	认识田字格，练习用铅笔写字，执笔法及姿式正确，掌握基本笔画、常用偏旁部首、能按照笔顺规则书写，要求字写得正确，端正整洁，养成良好的书写习惯
		二	继续用铅笔写字。保持正确的执笔法和写字姿式，掌握基本笔画，常用偏旁部首，常见字的写法，能按笔顺规则书写，注意间架结构，行款格式的整齐规范，逐步达到正确、熟练、美观地写出汉字，初步感受汉字形体美
		三	练习用钢笔写字，字写的正确、端正、整洁，能熟练地书写正楷字，做到规范、端正、整洁。练习用毛笔写字，要求学会正确的执笔方法，学会运用毛笔练习基本笔画，书写简单的独体字，常用偏旁和含有这些偏旁的合体字，点画要描的圆满，规范，一笔到位，字要描写的端正，整洁，懂得笔、墨、纸、砚的使用保管知识，了解书法是我国传统文化艺术，知道写好毛笔字的意义，激发写字兴趣

续表

毛笔字	写好毛笔字	四	能比较熟练地用钢笔，保持正确的书写，掌握各种笔画的写法，要求写的正确、端正、整洁，懂得钢笔的使用技巧和保管知识，掌握毛笔的执笔、动笔方法，保持正确的写字姿势，掌握基本笔画的书写要领，能掌握常见字的书写要领，继续激发练字兴趣和毅力	
		五	继续练习用田字格或方格进行钢笔书写，掌握基本写法，要求写得正确、端正、整洁，开始用临帖，做到"眼中有格，心中有字"，把握笔画的形态特征，字形结构特点，字写的正确端正、整洁，力求形神兼备，掌握各种基本笔画的动笔方法，提高毛笔的动笔技巧，使学生品尝到成功的喜悦	
		六	能比较熟练地写钢笔字，掌握各种字形书写方法，字写的正确、端正、整洁，学会用横条格书写，做到端正匀称，行款整齐，有一定的速度，有良好书写习惯。继续学习用毛笔临帖，能用毛笔书写楷书，在书写中体会汉字的优美。同时培养学生良好的审美情趣	
技能	古诗	会背100首古诗	一	一年级20首；每学期10首
			二	二年级40首；在已有20首基础上，累加每学期10首
			三	三年级60首；在已有40首基础上，累加每学期10首
			四	四年级80首；在已有60首基础上，累加每学期10首
			五	五年级100首。在已有80首基础上，累加每学期10首
			六	六年级100首。巩固学过的100首古诗，能默写课文中出现的篇目
	外语	学好一门外语	一	能听懂16个课堂指令并作出反应 能进行简单的自我介绍并与他人进行简单的问候 能唱会一首英文歌曲"Hello!" 能看图识词97个 能在课堂上准确地运用4个评价用语对他人进行评价
			二	能听懂16个课堂指令并作出反应 能进行简单的自我介绍并与他人进行基本的问候 能唱会一首英文歌曲"ABC Song" 能看图识词231个 能在课堂上准确地运用12个评价用语对他人进行评价
			三	能听懂16个课堂指令并作出反应 能进行简单的自我介绍并与他人就家庭进行简单的交流和讨论 能唱会一首英文歌曲"Ten little Indians" 能看图识词372个 能在课堂上准确地运用12个评价用语对他人进行评价

续表

技能	外语	学好一门外语	四	能听懂43个课堂指令并作出反应 能进行简单的自我介绍并与他人就家庭、朋友进行简单交流和讨论； 能唱会一首英文歌曲"Do you like?" 能看图识词532个 能在课堂上准确地运用21个评价用语对他人进行评价
			五	能听懂43个课堂指令并作出反应 能进行简单的自我介绍并与他人就家庭、朋友、学科进行交流和讨论 能唱会一首英文歌曲"Bingo" 能看图识词694个 能在课堂上准确的运用35个评价用语对他人进行评价
			六	能听懂43个课堂指令并作出反应 能进行简单的自我介绍并与他人就家庭、朋友、学科、爱好进行交流和讨论 能唱会一首英文歌曲"The more we get together" 能看图识词774个 能在课堂上准确的运用40个评价用语对他人进行评价

养成10个好习惯（三讲：讲文明、讲诚信、讲卫生；三会：会学习，会锻炼，会节俭；两守：守法纪，守规则；两爱：爱生命、爱公益）。

好习惯	评价细则（校内）	评价细则（校外）
1.讲文明	待人礼仪：见到老师问您好、同学初见说你早、见到客人露微笑，热情问好要做到。您好、请、谢谢、对不起、没关系、再见、礼貌用语挂嘴边，不说脏话记心间	对长辈使用尊称，外出和回到家时和家人打招呼不说脏话
	办公室礼仪：报告进入办公室，先向老师问声好、轻声交流有礼貌，再见离开办公室，轻声关门	
	中餐礼仪：排队领餐要安静、有序领餐讲文明、不挑食来不浪费、光盘行动来践行	
2.讲诚信	诚实守信：守诺言，不说谎，不作弊。借东西，及时还，拾人物，要归还	孝敬父母，听从父母教导，关心父母健康，体谅父母辛劳，积极承担力所能及的家务

续表

好习惯	评价细则（校内）	评价细则（校外）
3.讲卫生	环境卫生：认真做值日，垃圾不乱丢，杂物主动捡。保护环境我争先	个人卫生：勤洗澡、勤换衣、勤剪指甲、勤洗手、养成卫生好习惯
4.会学习	上课：预备铃响，慢步回教室，安静等老师。上课认真听，守纪要先行，手势灵活用，读、写、做、立姿势正，争做课堂小明星	主动完成作业，每天坚持读课外书，争当读书小博士
	社团：按组排好队，人数要点清，假要当面请。认真守纪上好课、争当校园小明星	
5.会锻炼	两操：排队"快、静、齐"，做操要用力，精神饱满1，2，1；眼操穴位准、节拍齐，保护眼睛别忘记	每天坚持锻炼，按时作息
6.会节俭	节约：洗手水要小，灯要随手关，纸张不乱用，节约点滴行	
7.守法纪	——	遵守交规、讲公德、明辨是非，有正义感，遵守法律，守家规
8.守规则	进校：学习用品我带齐，玩具、零食放家里。老师、保安要问好，家长道谢不可少	
	升旗：站姿庄严肃立，唱好国歌，声音洪亮。队礼标准	
	行走：楼内单排靠右行、慢步轻声我能行，公共区域不停留、不聊天、不玩耍。进出楼门遇人多、先出后进等一等，互相谦让成美景	
	课间：忙喝水、换学具、摆桌椅、捡垃圾	
	用厕：有序排队、小便入池、厕纸入篓、轻踩踏板、节水节纸	
9.爱生命	自护：不追跑、不打闹，危险活动我不要	掌握自护自救方法，未经父母允许不在外留宿，不接受陌生人赠予的物品，拒绝烟酒，远离毒品
10.爱公益	友爱：爱集体，爱同学，互帮互助互尊重，发生矛盾都谦让，不争一时短和长 爱公务：学校设施不乱动、安全守规来使用	

二、培养措施

（一）满足学生多元需求，提升综合素质

学校的教育对象是学生，每个学生之间存在着各种各样的差异，要创造条件因势利导培养学生各项技能，为学生的全面发展、学有特长搭建平台，促使孩子们逐渐走向阳光、自信、大气。

具体措施：采取多种途径和方法打造师资队伍，提升专业素养，促进学生全面而有个性的发展；充分运用优质资源，拓展多元校本课程，加强社团建设，为孩子的学有特长搭建平台；开展多彩活动，激发调动学生的积极性，促使学生积极地、自觉地、愉快地学习、实践。

（二）培养学生良好习惯，促进可持续发展

小学时期是学生良好习惯养成的重要时期，"习惯养成好，终生受其益；习惯养不好，终生受其累"，行为习惯养成教育是德育工作的重中之重。

具体措施：发挥课堂主渠道作用，将习惯培养目标与高效课堂有效结合，与全程评价有效结合，培养良好的课堂习惯；打造亮丽、精致、育人、适宜的校园文化氛围，陶冶学生情操，塑造文明行为。以宣传教育、强化训练、专项检查为手段促学生行为习惯的养成；以师生读书工程为载体，培养学生阅读、悦读习惯；通过主题教育活动、实践活动，培养学生的责任意识、感恩情怀。

（三）打造学生文化，形成学校特色

学生文化对学生的知、情、意、行等方面有着重要的教育引导作用，它可以提升学校的教育力、学生的学习力、发展的恒动力，是学校特色和品位的外在表现和内在魅力。

具体措施：营造氛围，形成一个具有强大力量的文化场，让学生文化在这一文化场的作用下健康发展；课程渗透，发挥课堂主渠道作用，进行学科渗透；搭建活动平台。在活动中体验，在体验中感悟，在感悟中内化。

三、保障措施

统一思想，加强领导。成立北京第二实验小学永定分校学生"育鹰"计划工作领导小组，负责计划的制订与具体实施。全员参与，注重实效。学校要对全体师生及家长进行广泛宣传，家校合作共育，力求实效。加强督导，完善评价。成立考核小组，把此项工作纳入学生综合素质评价。

学生的培养是一项长期的工作，学校将努力营造一个"活泼、积极、向上"的教育氛围，根据每位学生的爱好与特长，为他们提供广阔的参与、展示、创新的成长空间，让学生在实践与收获中快乐成长起来。

有了这个计划，孩子们可以在这个沃土中尽情地发挥，尽情地展示，在自信中成长，在快乐中获得知识与能力。当然，这只是一个修订稿，我们也会在前行中不断改进，不断充实。

为了每个孩子的精彩，为了教育的真谛，我们一直在路上，希望我们的孩子像雄鹰展翅在天空中自由而又幸福地翱翔。

第三章 我和家长一起变

第一节 小手拉大手，感动父母心

大台小学地处矿区，学生90%都是矿工子女。我校同其他学校一样经常对学生进行安全教育及自护能力的培养。一次行政会结束后，我留下大队辅导员赖老师说："我们开展对学生的安全教育能不能与矿山开展的职工安全教育结合在一起？因为我们的学生大都是矿工子弟。"她一听愣住了："校长，这不是德育主任的事吗？""我想听一听你的意见。"我说。她想了想说："那我考虑一下吧"，"时间很紧，下个月就是他们的矿山安全教育月，你先拿个方案出来吧。""行！"赖老师愉快地答应了。

两天以后，一份"小手拉大手，安全伴我走"系列安全教育活动方案摆到了我的桌上。看了以后，我马上召集相关人员开会，并强调这次活动的总负责是赖老师，包括校长在内所有人员都要服从赖老师的指挥。说做就做，我们分工行动。我负责与矿领导沟通安排活动时间，其他人分别开展工作。这次活动主要分两部分，第一部分由领导老师带队到各个矿口开展安全宣传发放宣传单、送一杯热茶、缝一枚扣子等服务活动。第二部分是一周以后由赖老师亲自导演一次文艺汇演，由孩子在矿礼堂进行现场演出。演出的内容都是提前到矿宣传部找到一些真实的案例编制出来的。当时，能容纳800人的矿礼堂座无虚席。大家都在琢磨小学生能演出什么新花样。说实在的，我心里也没底。但有一点是肯定的，就是我们对矿山企业安全教育的支持态度。演出开始了，随着节目内容的进行，我被深深地吸引了。有一个情景剧我到现在还记得，名字是《天堂的回音》。讲述的是一位小女生晚上等待妈妈回来给她过生日，慢慢的趴在桌子上睡着了。她分明梦见爸爸回家了，"孩子，你还好吗?""爸爸,这段时间您去哪了?一谈到您,妈妈经常以泪洗面。""都怪我在井下吸烟造成安全事故……""孩子,爸爸对不起你和你妈妈,今后你要多孝敬你的妈妈。""爸爸,你别走,你别走……"小女生从梦中醒来,左右环视,突然间向着爸爸走去的方向发出声嘶力竭的喊声:"爸爸,爸爸,我要爸爸……"当时全场一片安静,我注意到好多矿工眼里含着泪水……

这次活动效果大大超出我的想象,得到矿领导及矿工家属的一致赞扬。回到学校后我们也进行了深刻的总结。我们的收获有三点:第一,使孩子们认识到生命的珍贵,安全的重要,也是对孩子进行爱家乡、爱父母等思想教育的很好载体。第二,促进了矿山的安全生产,进一步提升了学校的服务意识。矿上的安全虽然抓得也很紧,制度要求也相当严,但与孩子提醒父亲注意井下安全生产的效果是不一样的。第三,锻炼了干部教师的组织能力,增强了他们创新和协作的意识。从管理上讲,我也进行了反思:首先是知人善用,敢于授权。我注意到在平时工作中赖老师总有些新点子、新花样,少先队工作形式新颖、生动。因此就把这个重任交给她,由她全权负责,并全力支持她开展工作。其次这次活动也是一个很好的管理案例,我们做工作既要有创新意识又要有不畏困难,敬业奉献的精神。

第二节 家长——我们的教育伙伴

父母是孩子认识世界获取知识的第一任教师,也是终身教师,家庭教育在孩子的成长中非常重要,如果家庭教育与学校教育能够统一,形成合力。那么,孩子在这种统一与合力中能够得到更全面、更健康、更科学的发展。

进入新校区后,我愈发感觉到家庭教育的重要性。现在的家长不同于以往的家长群体，他们是国家实施计划生育政策的独生子女。独生子女成长环境是"六合一模式"，本身就或多或少地存在着一些问题。现在他们做了父母，如何教育好下一代？有的家长茫然失措，有的家长靠书本养育，有的家长干脆交给长辈养育……因此学校教育与家庭教育如何形成合力就摆在了我们教育者面前。

我们深入调研了解学校家长的现状：四、五、六年级学生家长文化程度以初中或初中未毕业的知识水平为主，一、二、三年级学生家长文化程度以高中或大专文化水平及以上为主，部分家长具有研究生学历，对教育的认知参差不齐。家庭教育的方法欠科学，个别家庭对孩子的教育还存在高压式的"棍棒教育"，在家庭教育上存在以下误区：重结果，轻过程；重知识、轻习惯；重物质，轻精神；在家校沟通方面，许多家长对学生在校学习情况不关注，对于学生的要求往往是家校不一致，家庭教育和学校教育没有真正形成合力。例如：有的家长是溺爱娇宠型，对子女重养轻教、千依百顺、呵护纵容、娇宠倍加，长此以往，结果造成孩子任性、自私、乱发脾气、行为过度、我行我素，在同学面前以自我为中心、傲慢、不善于交流，缺少团结互助的合作精神；有的家长是专制粗暴型，较为关注孩子的成长而且期望值过高，但不懂得如何正确地教育子女，久而久之，孩子得不到家庭的温暖，易形成消极被动、顽固而冷酷的性格特点和行为习惯；有的家长是放任自流型，认为孩子入学后，教育的任务就交给了学校和老师，做家长的只要能保证他们吃饱、穿暖，供给他们上学的物质保证，就尽到了做父母的责任和义务，都对孩子起不到言传身教的作用；有的家长是重智轻德型，教育孩子"别那么傻""不能太老实"。

在充分了解家长情况后，学校每学期为家长们做多次家长培训，针对在教育中家长遇到的实际问题，做针对性的讲解和单独的指导。例如，针对六年级的家长，我们开设了青春密码家长课堂。孩子到了青春期，可能很多家长都有这样的困惑：孩子叛逆，不听话，总和你对着干；孩子情绪暴躁，爱发脾气；孩子很乖，总是一副无所谓的态度；孩子不够自信，不愿表现自己，缺少竞争力；孩子学习动力不足，存在偏科现象等。针对家长的这些疑惑，心理教师会从四个方面对家长们进行讲解：小升初变化知多少，青春期——机遇与挑战并存，破译亲子间的关系密码，掌握教育的工具密码等。

  在培训中，老师和家长积极互动，通过生动的案例，角色扮演，理论联系实际的解读了青春期孩子的特点及家长的养育策略，讲解了青春期孩子的"暴风骤雨"期，冲突的本质，依恋关系，针对不同情况家长的应对姿态，和孩子做到有效的沟通。带着问题家长们反思自己，对孩子的心理营养给够了吗？在任何阶段，都可以重新给孩子心理营养，慢慢来，慢慢补给他，当自己更有力量时，才更有力量给予孩子。并且请家长们不要以牺牲关系为代价去纠正孩子的行为，在孩子情绪失控时，要先处理情绪，认可感受，允许感受，然后再寻求解决办法。家长们受益匪浅。青春密码家长课堂，让我们六年级的家长掌握青春教育的密码，与孩子同成长，共前进。

  作为校长，每学期我都主持一次全校家长会，公开我的联系方式，建立了"家长朋友，我的伙伴"微信群，经常将一些精彩的家教文章和观点及学校的重要活动发到群里，与家长交流学校的办学理念、办学目标、育人目标，听课时也不忘将孩子在课堂中的表现及时反馈给家长，被家长们亲切地誉为"最接地气的校长"。在学校及班级里都成立了家长教师协会，让家长真正成为学校的教育伙伴，打造我校的家长文化即尊重、责任、合作、成长。

第三节　孩子流鼻血，家长怎么看

  2016年，"毒跑道""毒操场"事件多有爆发，引起了人们的广泛关注和激烈讨论。所谓的"毒跑道"是指在校园操场改造中出现的塑胶跑道中含有有毒物质（包括甲苯、二甲苯等）的现象。这些有毒物质会对人体产生作用，导致头晕、胸闷、虚脱等症状，重的则会有铅中毒的可能。

新学年刚刚开学，又有两所学校相继发生由于假期室内装修，导致多名孩子流鼻血事件。一时间教育行政部门、各学校紧急召开会议，采取果断措施解决危机。

这些危机的背后只是孩子的健康问题吗？

我在家长微信群发起了一次专题讨论："孩子流鼻血，家长怎么看？"我首先把网上传的两所学校的信息发到群里，并一再嘱咐：把这则信息发给大家，希望不要转发，别再折腾孩子了。我只是想听听大家有什么看法？很快许多家长参与了讨论。摘取部分内容：

家长1：这样的事情在我们实验二小永定分校是不会有的。我们的学校是"以爱为源，以人为本"的。

家长2：作为家长，我觉得大家应该拿起法律武器保护孩子，聚集闹事是没有意义的。首先要保护孩子的身心健康，为保护孩子健康让孩子先停学在家自学。然后选派代表向有关部门反映。要给孩子做榜样，你希望孩子如何做，自己先要这样做。

家长3：首先这个无德的校长根本没有把孩子们的学业和人身安全放在第一位！其次所有家长都团结起来讨个说法！能在这个时候发出这样信息让家长讨论的校长，不用过多品论就知道咱们宋校长的用心良苦……

家长4：什么事情暴力解决不了任何问题，找根源解决问题，使伤害最小化！

家长5：最受伤害的还是孩子，甲醛超标是需要很长时间才能去除的，要治就得从根本治，要狠治。利用好法律的武器保护我们祖国的花朵。

家长6：学校为了节省开支不用环保材质，导致孩子出现问题，聚众闹事也是可以理解的，自己家的孩子出了问题谁不着急。

家长7：我认为出了问题才能看出家长的价值观和应变能力！患得患失，家长有些极端倾向反而影响孩子的心智成长！

家长8：我觉得这就是学校的处置态度和家长的处置能力，事情已经发生，我们应该如何把事情处理得当，学校要以良好的态度解决事情避免事态的扩张，家长头脑清醒地把孩子的健康放在首位（不管是身体还是身心），家长要有一个最佳的方式和方向去处理事情，要给孩子做一个处理事情的好榜样！

家长9：针对污染装修事件，大家沟通交流，同为母亲，我也表达一下个人的观点。学校内部装修，学校负有监管责任，出现问题，主责应该在校方。如果有确凿证据证明孩子身体异常是由于学校装修污染所致，这肯定也不是一时之事，通过正常渠道与校方交涉的同时，家长聚集向学校施压，舆论造势，我认为更多的是为人父母的心痛和不得已。现行社会环境下可以理解，甚至支持。

家长10：感谢宋校长群内分享，既然分享，作为家长我们感谢也明白您坚定的信心。我们深信我们为孩子选择的是"健康和谐的乐园，美丽雅致的花园"，我们也期盼实验二小永定分校更美、更好、更精彩！

家长11：校长您好，对您发起的讨论，我个人认为：每一个社会事件的传播，对于当事人以外的人，更多的应该起到警示作用而非评价作用！针对此事件，我能想到的，从国家来看，国家缺少对校园完整的安全质量监测的标准，以至于各自学校在发展校园设施的同时，没有参考和比量的尺子！从学校来看，由此事件应该更加提高安全风险防控的意识，多组织讨论这方面的问题，集思广益，以此尽可能的覆盖校园安全的方方面面，并根据现有条件制定应对的方案，在实践中检验并形成完整的校园安全预案手册，这样积累的过程会逐渐减轻学校的压力，也会给国家提供参考！从孩子家长来看，出了问题谁都心疼，但正确解决问题的态度和方法同样是给孩子最好的教育！从学校责任来看，学校没有故意的责任但有严重的过失，应当担责不能推诿掩饰，且要努力将损失降到最小！受害孩子的家长此时最该做的努力是自己或是和学校共同努力照顾孩子，将损害降到最小，合理追责，并且得饶人处且饶人！

群里家长群情激奋，争先恐后地发表自己的意见和看法，不难看出家长的认识水平、解决问题的能力参差不齐。我谈了自己的观点："看到这一幕幕痛心的场面，我首先不去指责谁，不去看谁的难堪，不去传播信息（这条信息我当天就收到了）。而是静下来想：假如我是这所学校的校长会怎样做？首先，严把材料关。都说是环保的，标准也不一样。尽管学校不是监理，但为了孩子健康，材料关很重要。其次，一直跟踪工程进展，不做"甩手老板"。工程结束后，留出充足时间通风换气，环保的材料也会有气味。最后，请家长、教师来感受体验，将风险降至最低。

"事情发生后，我想也不会是一两个孩子流鼻血，发现问题应马上采取措施，不能等问题多了再想办法。孩子对于我们来说可能是四十分之一，千分之一，但对于家长却是百分之百。我们应该对孩子，对家长负责任。再有，大家都把矛头指向了这位校长，我倒觉得真正罪魁祸首应是中标的施工方！应严惩！哪个校长不爱自己的学生，不爱自己学校的声誉，否则她也当不了校长。中标的事，大家也许清楚，学校没有话语权。将这个案例给大家，是让大家能用多维的思维方式思考问题，假如这件事发生到我身上，我怎样做？现在这种做法对于孩子成长有益吗？也希望平时大家多给学校提建议，我们共同携手将问题消灭在萌芽中，感谢大家的讨论与分享。"

欧盟组织"终生学习项目"（Lifelong Learning Programme）2015年调查表明，良好的家校合作对学生的学术进步有支持作用。并且有心理学实验证明（Gwiazdowska，2014），家长和学校间沟通的整合与合作将使孩子最大程度受益。因此，在一个孩子的成长中，家庭、学校、社会形成合力而非对抗力才能真正成就孩子。

父母在孩子成长中扮演着最最重要的角色。孩子是从模仿父母开始的，父母的个性，处世态度，生活方式等很大程度会被孩子接纳并继承，整合到自己的认知体系。想一想，当一个孩子每天面对着老师，不是尊敬与佩服，而是种种怀疑和不满；面对着学校，不是全身心地求知和探索，而是不安全感和不信任。他会有快乐的心情吗？他会跟同学愉快的合作与游戏吗？他会有充实而丰富的体验吗？

因此，改善"家校关系"，避免"家校冲突"。努力形成教育合力，才能给孩子提供最安全健康自由的生长土壤。

第四节 微信群中异样的声音

"春蚕到死丝方尽，蜡炬成灰泪始干。"我们常用来歌颂老师的辛勤与忠诚，表达我们对老师的敬佩与感恩。对于老师，我们总是想到美好的，奉献的，甚至有时不知用什么辞藻来表达对老师的那种敬重与爱戴……

可有一次，微信群中却出现了异样的声音。

那是一天晚上，突然收到一个学生家长给我发的短信，短信这样写到：我是六（3）班刘某某家长，十月三号在六（3）班微信群里有一个微信号骂张老师，在骂人的过程中他打的是刘某某的名字，我希望宋校长帮忙给问问这位同学是谁，谢谢！

然后他把孩子骂张老师的截屏给我发了过来，我很震惊，学校竟然有这样的学生！他又发短信：孩子就是父母的影子。我不可能养育这样侮辱老师的孩子，一日为师终身为父。

第二天一早在楼道遇到张老师，询问了此事。原来骂张老师的是一个二年级就转到老家上学的孩子，他不知怎么进入了班级微信群，并以刘某某的口吻骂张老师。张老师了解事情原委后及时进行了处理，把微信群重新清理，并把家长群和学生群分开了。

我给家长回复短信说明了情况，并写到：环境对于孩子的成长太重要了！出现这样的事，我很痛心。为这个孩子痛心，他将来会怎样？为家长痛心，为老师痛心，为学校痛心。要将此事作为教育资源教育孩子。张老师自接班以来，这个班的变化有目共睹。出现这种现象，咱们孩子应该勇敢站出来伸张正义！这也是难得的教育契机，培养孩子正义感。

事情到此本应该结束了，但我心里总觉得有些欠缺，有些揪心。在全体教职工大会上我把这个案例与大家一起分享，想引起大家的关注。

一、班中孩子漠视的背后

我问了班中几个孩子，当微信群中出现了这样的言论时，你为什么不站出来保护老师，伸张正义？学生说不敢，怕老师。我的心头一颤，这是不是我们教育的缺陷呢？当自己心中爱戴的老师无缘无故受到谩骂时，我们的孩子选择的却是漠视。如果将来走向社会会怎样？马路上摔倒的老人无人敢扶会不会在这代人身上重演？孩子是父母的影子，会不会是老师的影子，会不会是学校的影子，教育的影子呢？

孙子说："攻城为下，攻心为上。"又有人说："最大的触动莫过于心灵的颤动。"孩子们心灵是不是有所颤动，为什么没有表现在行动上，仅仅是怕老师吗？我们作为教育者应该深思，我们除了知识，更重要的是教给孩子什么？怎样做才能既培养出崇德善学，饶有特长，又能培养出身心健康，且具有国际视野的大写的人呢？

二、与转走孩子心灵的触碰

孩子转学走了，换了一个环境。通过这件事我很担忧孩子的将来。这个班六年换了五任班主任，张老师是一位有经验的班主任，接班以来班级有了很大的变化。而这个孩子没有接触过张老师，为什么会这样对待张老师？他二年级就转走了，当时的心智年龄还不算成熟，四年过去了，为什么会进入自己原来的班，假借其他同学的名义来这样对待现在的班主任。我们可以试着触碰下转走孩子的心灵……

我们每位老师是不是也应反思，我们的班中有没有像他这样的孩子呢？我们真正的用心去了解他们了吗？用爱去滋润他们了吗？

三、让每一个学生都有自己的精彩

我们要关注到每一个孩子，不同性格的小苗组成了一个个班级的大家庭。在这个大家庭中，我们作为传道授业解惑者，让我们的孩子都有一个积极的心态，一个快乐的心情，都能演绎出自己独特的精彩。

"以爱为源，以人为本，让每一个生命都精彩"，我们要将它落到实处，落到每一个孩子心中。海涅曾经说过，"反省是一面镜子，它能将我们的错误清清楚楚地照出来，使我们有改正的机会。"也希望以此事引起老师们的自我剖析。

第五节　家校携手，共育精彩

我和家长一起变，在变化中我们更加团结，在变化中，我们携手共育。

在"家长朋友，我的伙伴"微信群中我们畅所欲言，互相沟通，加深了彼此的理解，缩短了彼此的距离。只有我们携起手来，孩子才能在统一的教育环境中幸福的成长。只有我们携起手来，家长才能更加了解我们的理念，我们的目标，我们的一切……

孩子是架起家长和教师的桥梁。而家长和教师的携手，为孩子撑起了一片天地。多少个孩子的改变，来自于家庭的改变，来自于家庭氛围的变化。家校共育，让我们在互相感恩中共同前行，让我们在改变中共同成长。

2015—2016学年第一学期家长教师协会工作总结

在这个团队里让我们有更多的学习、交流的机会，我们共同收获着、成长着、感动着。下面将本学期我校家校协同教育工作的一些探索和大家进行分享。

一、家长教师协会工作带给我们的收获与转变

（一）家长在参与家长教师协会工作后的感受

家长感言1：我们四（2）班感恩节活动，从11月初的策划、筹备，到今天下午的现场呈现。亲爱的老师、家长和孩子们无不让我们感动，尤其是"我想对您说"环节，家长和老师都被孩子的表现感动得热泪盈眶。一起在感恩中成长，在成长中感恩！感恩父母、感恩老师、感恩同学、感恩身边的每一个人，感恩生命中的每一天，家长教师协会做了一件非常有意义的事情！

家长感言2：这样的天气也挡不住家长对孩子的付出，学校也为我们送来关心和温暖，为每位家人准备了口罩，感谢家长们的付出，感谢学校的关心，这才是真正的一家人。

家长感言3：五年级的公开课，让我们身临其境地感受了学生时代的美好，并且让我们更加了解我们孩子在课上的表现情况，老师们课上授课方式，让整个课堂氛围很活跃，每个孩子都积极主动地举手发言，根据自己的思路自由发挥……孩子们在这样温暖而轻松的环境下，快乐地学习，快乐地成长，看到这一切，作为家长的我们由衷地感到欣慰，非常感谢老师……

以上是家长参与家长教师协会活动后的留言，我们利用微信的便捷渠道，与家长架起沟通的桥梁，激发家长教师协会工作的积极性。校长建立的"家长朋友，我的伙伴！"微信群；学生发展中心建立的"校级家长教师协会"微信群；校级会长建立的"会长，凝聚学校和家长的力量！"微信群；各年级组、班级建立的联系群，让大家畅所欲言，分享体会，有效推动工作的开展。

（二）家长教师协会工作带给家长与学生的变化

案例：六（2）班的边××在1~4年级当中，是一个默默无闻的男孩，个子很高、很魁梧，但做事不积极、缺乏责任感。家里是拆迁户，父母不上班，妈妈主要负责孩子学习，对孩子没有太高期望，脾气急躁，不善于沟通，在班级活动中有时会和班里的家长发生冲突。自孩子上五年级以来，班级改选会长，在班主任老师的智慧引导下，边××的妈妈做了班级会长，在校级会长的带领下，开始为班级服务，开展活动、组织学习，克服重重困难与不适应心理坚持下来，在一个学期过后写下心得《家长的高度决定孩子的高度》。本学期每周四坚持参加的家校协同培训，工作中总冲在第一个，处处为大家着想，从不抱怨，并天天早上到校执勤，对每一个进校的孩子说："早上好，一天愉快！"她的行为深深地感动着身边的家长、孩子。她之所以有如此大的转变，是因为在妈妈的改变中她看到了孩子的转变。自从妈妈做会长以来孩子信心倍增，在妈妈的感染下责任心增强了，处理问题沉稳了，学习的积极性提高了。班里的各项活动积极参与，参加DIY社团、播音主持社团，还经过层层选拔到台湾地区参加游学活动，在校级家长教师协会组织的实践展示活动中主动要求做主持人，由于他的阳光大气、表现自如，随后又经选拔登上了区少年宫的舞台做小主持，边××撰写的文章《我的变化》荣获市级三等奖。家长教师协会工作的开展，收获了家长的转变，赢得了孩子的精彩。

二、发挥家长教师协会作用，促进学生成长

"让每一个生命都精彩"是我校的核心价值，更是家长与老师共同努力的方向。围绕学校"爱为源，人为本"的办学理念，我校的家长教师协会工作以"尊重、责任、合作、成长"（沟通求尊重、育人求责任、理解求合作、参与求成长）的家长文化为引领，家长教师协会充分发挥桥梁、纽带、参与和监督作用，为孩子营造一个健康成长的和谐环境。本学期，我校以"推进校级家长教师协会建设，探索家校协同教育模式"为重点，开展了以下工作。

（一）完善制度，规范管理

为了稳步推进家长教师协会工作，规范运行，本学期在大家的共同商讨下，完善以下工作制度，并努力践行。

1.例会制度：校级家长教师协会成员，每学期参加学校组织的计划讨论会，期末总结大会，及学校召集的议事会议。年级家长教师协会每月最后一周召开总结交流会，总结本月工作，安排下一个月工作。

2.听课、巡视制度：学校每学期至少设开放日一天，家长教师协会成员组织家长到校听课，了解教育教学情况，家长教师协会委员定期到学校进行巡视，帮助学校发现问题、协助解决。

3.办公制度：学校为家长教师协会提供办公室，家长教师协会委员可以到校办公，接待家长来访，与学校沟通，提出建议。

4.志愿者服务制度：倡导广大家长参与志愿服务活动，自愿原则，义务服务，传播正能量。

(二) 开展培训，提升效果

为了推动家校共育工作的有效开展，学校开展了不同层面的培训，以此让家长了解学校、理解教师、支持工作、端正教育观念，提升培育能力。

1.初始年级家长培训。

一年级最为关键，学生刚刚入学，为了使一年级新生和家长顺利实现角色转变，我校在一年级入学初开展为期一个月的入学课程，入学课程包括学生课程、家长课程两部分。家长课程在开学前开始，本学期的第一次课在8月25日，第一讲，校长以《尊重 责任 合作 成长》为题，从办学规模、办学理念、课程设置、家校合作等几方面进行培训，低年级组负责人从入学课程内容，新生习惯养成，家校沟通方式等方面进行培训，增进了家长对学校的了解；第二讲，依然在开学前8月30日，校级家长教师协会卢会长向全体一年级新生家长介绍了我校的家长教师协会，回顾了自成立家长教师协会以来家校共育工作的成果，及成立家长教师协会的意义与责任；第三讲，在开学第二天9月8日，为一年级学生举行拜师开笔礼，新生家长全部参加，在拜师仪式上，学生不仅拜先师、拜现师，还要拜父母，新生的家长也为孩子们送上了精心准备的礼物和深深的祝愿，此次培训让家长深刻感受到从此时起要与老师共同承担起育人的任务；第四讲，在9月11日，主题为"家校携手，让每一个孩子都精彩"。经过入学第一个月对新生及新生家长的培训，10

月23日在入学的第31天举行隆重的入学课程展示，老师与家长携手帮助新生成功地迈出小学阶段坚实的第一步。

2.专家培训

为了有效指导家长教师协会工作开展，我校邀请区教师进修学校贺兆梅老师为全体协会成员及班主任开展家校协同教育专题培训会，全校近百余人参加了培训。贺老师通过一个个生动形象的案例，深入浅出地讲解了家长教师协会的职责和运行模式，贺老师的指导为今后的工作更加科学、规范的运行指明方向。

3.协会培训

为了使学校的家长教师协会工作开展得更加有声有色，增进会长之间的沟通和了解，带孩子们增长见识，拓宽视野，给孩子们搭建一个展示的平台，11月22日，校级家长教师协会组织班级会长，带着孩子一行52人进行了义利面包厂DIY体验活动！每个孩子都亲自体验了面包的制作过程，跟家长们一起吃着自己亲手制作的面包！下午，孩子们进行了才艺展示，这一切源于所有会长的努力付出和全力配合，各尽其职，认真负责！此次活动表面看来是一次亲子实践活动，实际是校级会长对班级会长进行活动组织方面的参与式培训。

本学期，我校家长教师协会副会长翟颖还走进手拉手校军响中心小学，代表我校家长教师协会进行工作经验分享，她所撰写的论文《关于小学生家庭教育的思考》荣获市级一等奖。

(三) 履行职责，发挥作用

在本学期的工作中，家长教师协会的每一位成员，都在全心全意地履行协会职责，热情服务，积极发挥教育伙伴作用，现将重点工作进行分享。

1.沟通家校关系，协助解决问题

①为孩子集体购买棉背心。

为了让孩子在冬季室外活动着装整齐，校级家长教师协会委员讨论决定给孩子们统一购买马甲，从网上搜索并购买了样品，各班的会长则积极地跟家长们做工作，耐心地跟家长们解释统一着装的不同意义。样品到货后，各班的会长到班级一个一个的给孩子试穿，然后统计尺码。

当时恰逢我校准备迎接北京市乡村少年宫将近200人的观摩，又有暴雪预报，会长们怕快递误了学校的活动，影响整体效果，就自行前往厂家取货，连午饭也没有顾上吃，终于在放学以前把马甲发到了孩子们手中！第二天观摩活动得到专家、领导的一致好评，我们会长的特色引领更是形成一道亮丽的风景线。

②低年级部迁新址。

由于学校生源不断增加，教室已不能满足学生的需求量，华润置地与区教委联合在我校体育馆附近盖了满足12个班的低年级部，由于等待检测报告，9月开学初未能进入。一、二年级12个班的学生就占据了本部全部专用教室，给正常教学带来很大困难。当低年级部完全通过检测后，低年级部分家长还是担心新装修会有气味影响孩子健康，对此工作形成很大阻力。低年级部到底什么时候投入使用，又要让一、二年级家长没有任何意见便成为一个难题。

于是，我们就充分发挥家长教师协会的职能，做了以下工作：第一步，召开一、二年级家长会（让家长知晓低年级部已竣工并通过质量验证），为一年级成立班级家长教师协会，组织推选班级家长教师协会委员；第二步，组织低年级12个班家长教师协会委员参观低年级部，征集合理化建议；第三步，组织一至六年级校级家长教师协会委员商讨迁入时间及需求；第四步，校级委员在班级群里做宣传，赢得家长的认可；最后，低年级全体师生平稳进入低年级部。

2.支持学校工作，开展志愿服务

我校的家长志愿者在校级家长教师协会服务部的统筹安排下做了大量工作，为孩子们的成长保驾护航，为学校的发展尽心尽力。家长护卫队从成立以来，日日坚守在校门口，无论严寒酷暑、雾霾还是大雪，总是风雨无阻，从未间断，他们的行为感染着身边的每一位家长、教师、孩子。在校级会长的努力下，家长教师协会为高年级的同学成立一个英语话剧社团，聘请课外辅导班的英语教师到校免费为学生上课，每周一次，为具有英语特长孩子搭建提升的平台。学校开设游泳课，家长成为管理的主力军，由于借场地上课，存在一定的安全隐患，又要分男生、女生看管，每次都会有一男一女两位老师进行助教，同时，每次都会有两男两女四位家长志愿者协同管理，确保学生安全。

3.参与学校管理，合力育人

随着家长教师协会工作的深入开展，家长已成为学校强有力的教育资源，丰富的家长资源在协同教育的道路上发挥着事半功倍的作用。

在教师节到来之际，家长教师协会号召同学们为教师手绘贺卡，送上简单而温馨的祝福。为庆祝我们学校迁新校址5周年，家长教师协会带动各年级同学都精心制作了献给母校的礼物，送上了对母校的美好祝福。为庆祝中国人民抗战胜利70周年，同时为庆贺我们伟大祖国66岁生日，家长教师协会组织家长们与队员们共同参加"唱抗战歌曲，展队员风采"迎国庆红歌赛活动。重阳节即将来临之际，在班级家长教师协会的带领下慰问门头沟区光荣院的老人们，与革命前辈一起度过一个欢乐、祥和的重阳节。在感恩周教育活动中，校级家长教师协会和门头沟区共青团石门营五区青年共同开展了送温暖献爱心捐衣活动。为了让孩子们懂得感恩，学会向需要帮助的人奉献自己的爱心，在三（1）班家长教师协会的组织下，该班学生及家长来到区儿童福利院，将精心准备的图书、玩具等礼物送给这里的孩子们。在圣诞节、新年到来之际，各年级活动异彩纷呈，家长教师协会开展迎新年包饺子赛和品饺子献小菜家庭才艺展活动。

一个学期下来，我校的家长教师协会工作在大家的共同努力下有了一定收获，取得了一些成绩，但还存在着很多的问题，需要不断完善、发展，在今后的工作中，我们将再接再励，继续学习、探索、实践，力争在工作中有新的突破。

第四章　我和学校一起变

第一节　均衡中求发展，统一中求改变

大台中心小学下辖三所山区完小——千军台、唐家地、灰地小学。无论是教师生活工作环境还是学生学习环境，条件都非常艰苦。

2003年大台中心小学合并了原企业办学的千军台小学，23名教职工平均年龄40岁以上，由于原是企业办学，教师常常同矿工一起出工捡煤，有的还下过矿井，造成了他们体弱多病。校园内的硬件建设更是千疮百孔，两个专用教室没有学生椅子，形同虚设；一个破旧的老式锅炉一冬天要烧煤80余吨，可烧出的暖气还不热，白白地浪费了人力、物力、财力；所有的房屋线路老化，存在安全隐患；房屋年久失修，雨季一到，屋外下大雨屋内滴小雨；冬天甚至连师生的饮水也存在着问题。原千小师生的困难是无法想象的。

面对着这样一所学校，我一方面做好克服困难的准备；另一方面本着"统一待遇、统一考核、统一制度、统一调配"的原则，认真细致地做好合并工作。在校园建设上，向教委申请彻底改造了供暖设备，改造了线路、防水，并主动与矿上联系改造了供水系统。冬天到了，我们的教师再也不用冒着严寒出去挖马路了。我又相继自筹资金11万余元改建了职工餐厅、食堂、洗浴室、硬化了地面，粉刷了外墙壁，将多处存在安全隐患的地方一一解决。并且抓住市督学检查的契机，向教委申请粉刷了教室的墙壁，全部更换了办公桌椅、学生桌椅，添置了体育器材、音乐美术设备、电教设备、计算机等，使千军台小学硬件条件有了很大的改观。

接着，我又相继完成了对其他两所完小的硬件改造。灰地小学的校园围墙矮小残破，校外的人根本不用通过校门就可进入校园，存在着很

下好吗?""好的。谢谢您的关心!"放下电话,我又思考着,既然已经说了,怎样才能促成这件事呢?怎样让矿上感觉按学校的要求做对他们有利呢?于是,我们领导班子搞了一个调查方案,亲自带领相关老师到矿上调研,预计下学期矿工子女入学的状况。经过摸底调查统计,新学期将有116名适龄儿童等待入学,凭现有的教室容量无论如何也盛不下。这一确切数字为我办成此事提供了重要依据。此举也使矿相关领导深受感动,切实感受到学校在真诚地为企业服务。

紧接着,我又主动与当时矿党委黄书记联系,只要求他给我20分钟时间汇报一下学校目前遇到的困难。很快,我与黄书记见面了。听了学校面临的困难及解决的办法,没有想到黄书记爽快地答应了:"好,为教育办点实事也是我们企业应该做的,况且都是我们职工的子女。就按照你们的意愿开办幼儿园,改教师宿舍,再给你们批20万元装修。"我当时不知道说什么好,惊喜来得太突然了,我连声道谢。教师们听说后更是欢欣鼓舞。按照学校的方案,四层小楼的下面三层改装为幼儿园,第四层作为教师宿舍。教师们终于住上了有塑钢门窗、新床、新衣柜、新热水器而且干爽明亮的宿舍。

经过前期的幼儿教师培训、设备添置等环节的充分准备,终于在2004年5月20日,我校举行了隆重的开园仪式,中国教育电视台还对此进行了专题报道。并称此举开创了北京市第一个在矿区开办公办幼儿园的先河。

创建幼儿园既解决了教师住宿问题,又解决了由于学生增多挤占专用教室的现象,还帮企业分了忧,也为今后双方的互动活动提供了样板,是一件一举多得的事情,形成了"多赢"的局面。

第三节 依托"一三五七"行动计划，促进学校内涵发展

北京第二实验小学永定分校的前身是一所农村小学，成为北京第二实验小学永定分校后，学校以"勤奋、创新、文明、健美"为校训，并适时提出了"爱为源，人为本"的办学理念，确立了"求知进取的学园，健康和谐的乐园，美丽雅致的花园，温馨友爱的家园"的办学目标。

2010年10月20日，北京第二实验小学永定分校举行了隆重的新校落成典礼，全校师生喜迁新校，为落实名校办分校、促进区域教育均衡快速发展迈出了坚实的一步。

为了办好适合师生发展的教育，促进学校内涵发展，学校适时地推出了一三五七行动计划：明确一个核心——爱为源，人为本的办学理念；突出三个重点——两支队伍的建设、高效课堂的实施、课程建设的落实；实施五项举措——名校带分校、硬件带软件、活动带面貌、责任带品质、和谐带团队；构建七大文化——管理文化、教师文化、学生文化、家长文化、课堂文化、课程文化、环境文化。

一、明确一个核心

学校以迁新校为契机适时地提出了"爱为源，人为本"的办学理念。爱为源——秉承北京第二实验小学"以爱育爱"的办学理念，领导关心、支持教师的身心发展，以"真爱"促进教师的专业成长；教师爱岗敬业，爱护学生，以"博爱"在成就学生的同时成就自己；学生热爱学习，乐于助人，以"互助互爱"促使自己健康成长；人为本——学校要营造尊重人、关心人、支持人、成就人的人文情怀，将教师和学生的发展放在首位，在学校管理及教书育人的各个环节凸显：教以人为本、校以师为本、师以生为本、生以德为本，为学生的成长奠定基础，为教师的成才搭建平台。

二、突出三个重点

三个重点分别是加强两支队伍建设，努力构建高效课堂模式，加快推进课程建设。

（一）精抓队伍，提高效益

在干部队伍建设工作中主要采取了如下措施，一是加大学习力度，强化中心组学习，主张带着问题学习。每次学习之后，都要规定领导干部要深入班级和自己所工作的部门进行调研，针对问题寻找理论支点，写出学习体会在下次学习时进行交流。二是组织干部外出考察交流。除参加教委组织的外出考察活动外，分校先后选派副校长、教育教学主任、大队辅导员到总校进行为期一个月的挂职锻炼，学习总校经验。三是制定领导干部轮流主持学校行政会制度，培养干部的组织领导能力。四是培养干部听课、评课能力。五是加强对干部考核，尝试扁平式管理。

在教师队伍建设方面：学校一是不断修订《绩效工资实施方案》《奖惩制度》等制度，加强师德建设，加强各项考核；二是启动了教师培养的"翔云计划"、读书工程、基本功考核、校本专项培训等活动，培训费用占到了全年公用经费的15%，目的就是整体打造一支具有现代教育观念，合理知识结构、年龄结构，具有一定教育教学、科研能力的教师队伍；三是加强了对教师教学过程及技能的指导和检查，发现问题及时纠正；四是采取校骨干动态管理的模式，每年评选一次；五是依托总校资源，拜总校名师为师傅，选派教师到总校脱产学习和任教。

通过学习，干部教师的专业水平得到了提高。在门头沟区构建高效课堂论文评选中，我校20位干部教师分获一、二、三等奖；在门头沟区"三杯"课堂教学评优中，我校22位教师参赛，获得一等奖11名，二等奖6名，三等奖5名，学校荣获优秀成果奖；在刚刚结束的北京市基教研中心课堂教学视导中，我校承担的14节课获得市专家的高度肯定。

（二）创新策略，构建高效课堂

教学工作是学校的中心工作，几年来，我们始终强化"质量意识、责任意识、教研意识"，以"五导"课题研究为先导，努力提高教师课堂教学水平，以质量监控为手段，努力提高各个学科教学质量。

《建立"五导"教学模式，构建高效课堂的实践研究》为课题引领，提高教师的科研素养。在"门头沟区深化教学方式改革构建高效课堂——校长论坛"活动中，我校同时推出三节课，展示了我们阶段性的研究成果。近两年我校教师共做市区研究课、观摩课76节。

在各学科全面推进"精彩两分钟"，在课堂上培养学生倾听、表达、质疑、合作等学习习惯，学生的语言表达能力，主动参与意识，团队合作意识不断增强。

充分利用外教资源，促进学校英语教学工作整体发展。我们引进了能动英语项目，申办下了聘用外国专家资格证，开设了外教课堂，让孩子们享受到了外教资源，开阔了学生国际视野，成为我区首例全面开设外教课的小学。在区级多次英语学科调研中，我校的英语成绩均名列前茅，学生的口语能力和教学质量得到了社会的普遍认可。

（三）强化课程建设，引领特色发展

课程建设是学校的重点工作，是学校办学理念得以实现的基础，是学校发展的核心竞争力，是引领学校特色发展的关键。我校以英语校本课程为突破口，不断完善学校课程体系，努力打造"多元、自主、开放、未来"的课程文化。

近两年，学校以课程改革为契机，以拓展类英语校本课程为切入点，在"爱为源，人为本"的办学理念引领下，开发了涉及特色英语、人文素养、艺术素养、科技素养、体育素养5大门类32个学科的校本课程，形成了较为完善的多元教育校本课程体系，为办适合师生发展的教育奠定了基础。2011年11月，我校成功举办了北京市课程建设研讨会，课程中心杨主任对我校课程的建设情况和此次现场会的成功举办给予了肯定。《现代教育报》以《为郊区孩子烹饪多元课程大餐》为题进行了长篇报道。学校获得北京市基础教育课程建设优秀成果二等奖。

三、实施五项措施

(一) 名校带分校——利用名校资源，汲取先进理念，打造优质队伍

选派学校领导干部到总校进行为期一个月的挂职锻炼，接触实验二小的管理层，参与行政办公会，教研组活动，主题教育活动，感悟总校管理运行机制及各项行政工作、教育教学工作流程。

参加并观摩北京第二实验小学的各类活动，真实地感触"双主体育人"办学理念的实施。如计划的宣讲，开学典礼，艺术节，体育文化节等活动。近两年，我校教师300多人次参加了总校"凌空杯"教学观摩活动和总校其他教学研究。

互派优秀教师进行交流。2010—2011学年北京第二实验小学选派两名优秀教师来学校任教；同时分校选派区、校骨干教师前往总校进行为期一年的脱产学习和工作。赵老师和吕老师于2011年9月到总校执教一年。2012年9月，金老师和赵老师到总校执教一年。通过互派交流，我校教师能够与总校教师天天在一起工作、学习、生活，更深一步的感受到了"以爱育爱"的真谛。

针对课堂教学开展系列活动。邀请李烈校长和华应龙副校长来我校参加了"名师走进门头沟，专家引领促实效""构建高效课堂数学教学研讨会""深化教学方式构建高效课堂——校长论坛"等课堂教学研讨活动。两位校长听课后，高屋建瓴的评课、说课让干部、教师大开眼界，开拓了思路。

现今关于名校办分校有许多声音，而我校的工作实践证明，先进理念加本土化实践同样走出了一条名校办分校的新路，而且极具生命力。

教师到总校学习感悟：聚焦课堂，体会"爱的教育"

北京实验二小是1909年建校，是一所百年老校，学校坐落在西单繁华的市区。

五月，我有幸被派往实验二小学习。这个期间最大的感触就是学校爱意浓郁的育人氛围。教师自行设计的"托起明天"的彩烛群雕，李烈校长

手写的"爱"字主题雕塑——老师和学生额相抵，心相连，还有温家宝总理题写的学校理念："以爱育爱"，都是总校师生浓浓真情的写照，强烈烘托出"爱心校园"的主题，洋溢着一种豁然的大气。下面我就从学生、教师、家长、课堂、校园、管理六个方面谈谈我的学习与收获。

学生文化

总校倡导的学生文化是"美、学、玩、做"。

美：美出修养与特长。教育重在育人，接受过教育的人不同于没有接受过教育的人，首先在于其修养。实验二小首先要培养出有修养，懂爱、懂美、爱美、做美的实验二小人。其次，美中尊重差异，鼓励每一位实验二小人根据自己的兴趣，发展特长，增强美的情趣，实现"全人"发展。

学：学出习惯与大气。学习是学生的基本职责。在今天，学习知识不再是学生学习的全部内涵；从服务于"全人发展"和"终身发展"的需要而言，良好的学习习惯可以使学生终身受益，而大气的思维方式更有助于今天的实验二小人走向明天国际化、全球化的发展大舞台。

玩：玩出健康和情趣。玩是孩子的天性，是学生健康发展的基本需要，而玩中更蕴含有教育的奥妙。首先玩是身体健康的保障。身体健康是"1"，未来和发展则是跟在"1"后面的一个又一个的"0"；没有健康的身体做基础，拥有多少个"0"到头来还只是"0"！其次今天的健康不只是身体健康，健康的情趣是心理健康、品位（价值观）健康的直接体现。因此不但鼓励实验二小人玩，而且要会玩，不但要玩出健康，更要玩出情趣。

做：做出责任与奇思妙想。责任感培养和创造精神、创造能力培养是当前育人的两大重任。但责任感不是"说"出来的，而是在"做"中培养的，需要亲身体验；同样，创造无法在被动接受中生成，创造是在主体主动参与的过程中被激发的。因此，鼓励实验二小人积极参与，勇于实践，"做""想"同步，在"行""思"中成长。这也是"以参与求体验"的体现，也是学校"活动式"大教育观的追求。

二小的孩子们是自由的，是快乐的。我走在校园内，深深感触：这才是孩子们该有的童年。课间学生可以在各种活动区自由活动，下棋，打球，弹琴等。就连做操时间都有孩子们的"快乐三分钟"活动，孩子们在操场上可以进行各种自己喜欢的活动，这充分体现了孩子们的自由在学校教育中的重要地位。二小的墙报和展板看起来不是那么规范和美观，但那是孩子们智慧的体现，是孩子们的创造，在现在的年龄段他们可能对色调的把握和对构图的把握不是那么完美，但是他们在形成能力，这样的创造过程对孩子的成长很重要。

二小的孩子是自信的。学校提倡"蹲下来和孩子讲话"强调教师要从自身做起和学生建立民主、平等、和谐的师生关系。强调教师要从孩子视角出发看问题。理解学生，真正做到宽容、接纳、赏识、善待每一个孩子。这里强调了一个重要的教育思想，即"数子十过，不如奖子一长"，孩子是有差异的，每个孩子都有优于别人的长处，都有自己的才能或潜在才能，教师应该掌握"多元智能"理论，明确教育者的任务就是挖掘学生的潜能。二小提倡"融错"，出错是学生的权利，帮助学生不再犯同样的错误是教师的义务。学校教育不仅是为了传授知识，而且是为了启迪智慧，培育精神，点化生命！

二小的孩子是专注的。我们都知道课堂文化的一个重要组成部分是"精彩两分钟"。在学习的过程中我多次看到孩子们专注的研究展示方式，多次找英语老师进行课前预演，老师充分肯定孩子的设想，提出可行性建议，孩子们进行修改，再找老师进行排练，一次次的加工，可能到课堂上还是会出小问题，但是未来的名导演或许就在这短短的两分钟内造就出来。

教师文化

总校倡导的教师文化是"形象，学习，合作"。

形象：美丽地工作着。包括外表的美丽、举止和行为的美丽、情趣和心灵的美丽，美丽中有份健康、有份智慧、有份创造，这就是实验二小人"美丽"中蕴含着的品位。美丽中蕴含着"爱"——对事业、对生命、对自己的爱。

早晨走进校园随处可见老师们清新、愉快的面孔，热情地打着招呼。有一天我们到王府分部听课，进门李老师就说吃芒果，我从别的老师那儿拿来的，咱们屋一人一个。不经意的话里透出把我们当成了自家人，还有很多交流中的细节，都让我们感觉到二小教师的"美丽"，让我们在陌生的环境中备感温暖。

学习：智慧地工作着，由内而外的美丽，是持久的美丽，因此苦练内功，提高自身素质是实验二小人的追求；美，还需要一份休闲的时间、休闲的心情，就需要拥有工作的智慧，在体会工作本身美丽的同时，在高效中为自己创造出更多的生活空间和时间。所以，学习是基础，学习成为实验二小人的基本需要。自由发言、即兴论坛、课题研究、学习交流等，构成了实验二小教师学校生活的主旋律。

我到总校的第一天就来到王府校区开始学习，正好西城的英语教研员张老师在准备课，询问后才知道这位老师是从二小走出去的，她每周二在二年级任课两节，从没脱离一线教学。那天的课是为了参加中高职评准备的试讲，全组教师参加了听课，并在课后进行了热烈的研讨。虽然授课的是教研员，但是英语老师都纷纷提出质疑和自己的见解，并且每个人的观点都有强有力的理论支撑，足以见得这些老师的业务功底深厚，理论知识深厚。二年级的教研组长骞老师在与我交流二年级教学内容时，给我推荐了很多适合学生阅读的英语课外读本和对学生成长有重要影响的书籍，可见老师的平时积累丰富，通过读书使老师阐述自我观点时散发出自信的光彩。在王府校区我还同组内老师交流了"表音密码"教学方法，老师根据我的介绍，充分的质疑询问，希望找到与他们英语语音教学的契合点，在我学习的最后一周，骞老师打电话请我到学校，再次交流了她对表音密码内容的理解和体会。总校工作满三年的教师可以不写教案，由学校统一发教案，老师只需在旁边根据自己的理解进行批注即可，在我看到的教案中，老师都用红笔认真地写出自己对教学的理解和改动的地方，可见其认真的态度，还有在听课中，我看到总校的老师听课都带着两支笔，用黑笔详细记录，用红笔做批注。

合作：快乐地工作着。人的快乐与否在很大程度上取决于自己所处的人际氛围。合作是健康人际氛围的基础。实验二小人不但重视个人的发展，更重视与同事之间的合作，相互关爱、支持与分享，在追求"和谐团队"发展的同时，在校营造出家的氛围，拥有家人间亲密无间的情感。我们常说，要学习总校教师的团队意识和合作精神。这一个月我真正体会到了合作。在王府，我问过一个问题：明老师到底是几班的班主任啊？我那天连续听了三节课，都看到明老师在组织学生做课堂准备，并且随堂听课，看着就是班主任。其实明老师是七班的班主任，年级6~10班在王府的中院，明老师是中院的组长，那天中院有两个班主任都请假了，明老师就担起了联合班主任，每个班的事情都管起来。其实很多年级都这样，组内的事务都是自己协调，从不见哪个岗位空岗。我们在的前两周正好是体育文化节的最后准备阶段，每天早上都有班级练习入场展示，那个时候一家人、一股劲的气氛浓厚，在队伍中穿梭的老师，看不出是哪个班的主、副班主任，他们对每个孩子都细致的指导，纠正动作，真的是眼观六路，耳听八方，全都为了年级的精彩亮相努力着。

总校还有一种合作是年级组的合作。我举一个例子，"复活节"是一个西方节日，英语课会提到。但是在王府校区却是这么进行教学的：英语老师在课上进行知识传授，讲来历和风俗习惯，在英语办公室门口挂了复活节特色的染布。复活节的主要标志就是彩蛋，美术教师会在那天让学生带来煮熟的鸡蛋，在课上学习画彩蛋。数学课上老师专门设置测量一课，在不同角度教给学生测量彩蛋。就连体育课也不落后，体育老师设计的活动"滚球"，找来和彩蛋相似的小球让孩子们滚。最后落实到语文，老师会指导学生记录自己过复活节的情景，并形成文字在班级内交流。这样一条龙的系统活动，让学生在老师的合作中终生受益，他对复活节的认识就不仅是一个西方节日那么狭隘，而是纵深到他的各个方面能力的提升上了。

这样的例子还有很多，处处能看到年级组的团结协作，大家心往一处想，劲往一处使。

为了学校和学生的发展老师们"美丽的微笑着，愉快的合作着，蓬勃的发展着"。

家长文化

家长文化主要提出了三点：权利、责任、成长。权利就是家长同样拥有合法的教育权利，责任是要明确投入的责任，最后一个是要懂得成长的需要。

家长文化是构建家校文化中的一个途径。作为学生的监护人，家长对孩子的发展及学校各项工作的设想和安排应该有知情权、参与权和建议权。在家长会上校长会把学校的一些办学理念和家长们进行传递。同时也要把一学期里搞的一些大型活动和学校对学生一些基本常规要求对家长有一个传递。实验二小学期期末有十项单项奖评选，每个孩子一学期结束之后都会拿一张奖状，整个评比过程中操作程序是非常公开的。同样，比如推优、三好生评选等家长敏感的东西都会在家长会上将操作的程序对家长进行公开，这样也起到了监督的作用。

学校的各个班都有家委会，家委会对学生的关注也是不容忽视的。比如，二年级的一个班，每个孩子的桌子上都夹着一个视力保护器，这就是家委会为全班学生准备的。我在看档案的时候发现了一本书，翻看才发现是一个班主任几年来写的家话，家长整理后出了书，留给学生做纪念。王府门口每天早晨都有执勤的家长，据说是家长自发组织的，学校为他们准备了袖标，每天都有一些不忙的家长自觉的戴上袖标，为到校的学生开车门、拿书包、指挥交通等。

课堂文化

课堂绝不仅是传授知识的场所，它也是教师与学生共同经历的生命历程。所以，我们的课堂应该关注学生的知识获得、方法掌握、能力提高，更要关注学生情感的交流、情绪的体验、与人的合作交往等。关注作为整体人的生命发展，就要让课堂本身充满生命活力，改变教师仅仅是知识传递者的角色，让教学充满着智慧挑战，让课堂涌动着生命成长的涛声，让师生和生生间不断生成着新的生命能量。

1. 三段式课堂教学模式

多元智能理论重在"承认差异、关注差异、有差异的发展"。前提是"尊重和弘扬学生的主体地位"。由此学校提出开放的主体参与性教学三段式课堂教学模式：课前参与，课中研讨，课后延伸三段式。

"课前参与"不仅为后续的课中研讨奠定了基础，而且使学生带着思考与探索的思想走进课堂，促进学生在课堂上进行有效的练习，更锻炼了学生收集、组织、分析、加工、运用信息的习惯和能力。课前参与是课堂教学的前奏曲，为课堂教学做准备。学生在课前参与的程度和参与状态，直接关系课堂中学生学习的氛围和学习效果。

"课中研讨"集中体现了"差异即资源"的思想，重在"分享差异"，"分享差异、增进理解、获得发展"是这一环节的要义。课中研讨以分享差异为根本，不仅使学生资源"最大化"，充分体现了"学生主体"的教学思想，而且学生在相互的交流和小组合作中，学会了表达、倾听、思辨、吸纳及协作和欣赏等，使学生今天的在校学习为明天的做人与发展打下坚实的基础。特别在研讨过程中，坚持四个开放：氛围的开放、思维的开放、结论的开放、评价方式的开放。

"课后延伸"集中体现了"有差异的发展"，即通过科学合理的作业，使学生在课内学习的基础上，将知识进一步拓展，能力进一步增强。强调层次性、开放性，以适应学生之间的"差异"；强调实践性、创新性，给学生一个有差异的发展空间。

三段式的教学模式，课前参与重在"体验"；课中研讨重在"探索"；课后延伸重在"实践"。

2. 课堂教学中教师的"进"与"退"

教师在教学过程中要"勇敢地退，适时地进"，这既是突出"学生主体参与"的教学思想，又是教师在教学中的行为策略。学生主体参与需要极大的空间，因此课堂形式是以研讨的方式进行。学生在课堂上是否能够有空间研讨起来很重要的是取决于教师的教学行为。

"勇敢地退"：教师要在将学生引领到研讨环节后主动地"隐退"（要求教师尽量地离开讲台，退到不"显眼"位置上去），这种"隐退"指的是教师"行为"的隐退。让学生将自己占有的资料、信息、对文本的理解、质疑等进行生生间的面对面的交流互动。这样学生研讨的空间才真正大起来。如果教师不"隐退"，滔滔不绝，怎能留给学生主体参与研讨的空间呢？那么，为什么教师的"退"要"勇敢地"呢？因为当学生真正地"解放头脑，张开嘴巴"的时候，课堂上将出现"生动"的场面，这场面有很多不可控的因素，此时教师会自觉不自觉地出现怕学生"跑偏""不深入"等不放心的心理变化。教师如果没有坚定的思想把持，就又会侵占学生的空间，回到"一言堂"的老路子上去。这样做是不容易的，我们称这种退要"勇敢地"，在形象中融入了深刻的体会。

"适时地进"：教师隐退，学生研讨展开后，教师做些什么？教师要用耳认真倾听学生的发言内容，用眼准确地观察研讨的场面、学生的表情神态等，并及时加以判断、分析。在学生发言游离于教学目标、重难点之外时，在学生反复在同一层面交流无法深入时，在学生只是一个角度认识问题时，在只有部分学生参与研讨的时候，教师要"现身"，加以引领。这种"现身"要适时，也就是说，不可以频繁的不合时机地"进"，干扰学生。同时特别注意的是，有些问题教师要有分析，很可能"问题"是新生成的教学资源，对于这些问题教师要"延迟判断"，然后再加以引领。

所以说，教师在"勇敢地退"的时候要为"适时地进"做好充分的准备；而"适时地进"是为进一步的"勇敢地退"，为学生开辟新的研讨空间。这个环节是需要教学"内功"的。只有教师不断地修炼"内功"，在教学行为上就会出现"放心地退""适时地进"的境界。这"放心"既是由于学生能力的不断增强产生的对学生的放心，也是指教师"内功"增强后自己内心的一种坦然。

校园文化

校园文化是"关爱、和谐、精致"。在四合院的空地上，我发现了好多画好的格子，学生在课间活动时就会到那里去跳房子。在学校一层比较大的空地上会有乒乓球台，而在比较小的地方，有许多健身器，方便学生锻炼。在楼道的墙壁上，都会有学生的书画和照片，从地下室到四楼，每个角落里都会出现。在二层和三层都有阳光房，里面有图书、象棋、围棋、跳棋等，学生下课之后都会到那里去坐坐。在科技角中，我发现了活的乌龟和蜥蜴，下课时总有学生围着看。在教室里，每个班的窗台上都摆满了绿植，花盆上贴着学生的学号；每个班的墙壁上都会有一个测量身高的尺子，随时关注学生的成长；桌椅也不是全部冲前，两边的桌椅都会有一个倾斜，以保护学生的视力。在每节课下课后，都会有一段提示音：请各班同学开窗通风，请同学们喝水，请同学们课间活动轻声慢步。

管理文化

管理文化是授权、人本、激励、沟通。授权：信任，引领，责权利；人本：目中有人，"以人为本"；沟通：畅通无阻的心灵沟通；激励：扬人之长，念人之功。

这一个月之中，我感觉学校其实是没有管理的，这可能就是学校管理的最高境界了吧。即使面对体育文化节这样的大活动，学校也没有开全体教师会布置工作。李校长无疑是灵魂人物，华校长和冯校长分管教学和教育：华校长直接面对各个教学主任；而冯校长也面对四个主任，主管德育的王主任、主管教务的靳主任、主管安全和艺术的于主任，还有辅导员何老师。由于各个年级班数比较多，每个年级都有一个级主任，负责年级组的各项工作，同时，年级组里还有教研组长、联合中队辅导员、党小组长等负责人。最让我感受深刻的是他们的班级管理，每个班都设有水官、门官、灯官、窗官、书官等职务，职责虽小，权力不小，各司其职。这样的设置让我感觉到几乎每个老师、学生都是领导，都是主人，都有责任意识。

在校长办公室的软板上，我看到了一张普通A4纸，上面写着君子九思：视思明，听思聪，色思温，貌思恭，言思忠，事思敬，疑思问，忿思难，见得思义。孔子提出的"君子九思"，把人们日常的言行举止都概括了，如果我们确实能够做到这些，注意反省自己的一言一行，日积月累，自然就会修养有成。

（二）活动带面貌——利用各种教研活动、参观活动及学校在区域内的窗口作用，打造温文尔雅的教师，有礼有节的学生

文明礼仪就是窗口。制定《实验二小永定分校学生十个文明习惯》《实验二小永定分校教师十五条礼仪规范》，将文明礼仪的规范和培养作为一项重点工作来抓，针对此项规范开展了师德大讨论活动，在校园网上登载了金正昆教授的礼仪讲座视频，请职教中心礼仪教师进行礼仪培训。

活动就是展示的舞台。进新校以来学校多次主动承办教委各科室、进修学校小教研等部门的活动，每一次接待、每一次活动都是一次展示，全体师生的精神面貌和学校的整体形象成阶梯式提升，得到了各级领导的认可。仅上一学年我校就接待各类观摩、检查近40批次。

活动促进自身成长。学校定期开展师德大讨论、进行师德演讲、评选文明办公室、争创和谐奖，在学生中开展文明小使者、小导游培训、自制开关贴、做低碳环保小卫士、班级文化评比、一日礼仪评比、规范升降旗制度、穿校服制度等，在家庭教育活动中组建家长学校、开展家庭教育讲座、开展家庭教育心理培训活动、构建家校互动平台，在活动中潜移默化的使教师、学生、家长的面貌有了改变。

教师活动后的反思：以"大雁精神"谈学校团队合作

大雁能够飞越千里，不是因为他自己本身有多么的强，而是因为他们团结起来，目标一致，群策群力，共同努力，让他们达到了独自所难以实现的迁徙，从它们身上可以看到我们的团队协作。我也想用大雁做比喻，来反思我们的迎国检和体育文化节两项活动。

首先，是对环境的敏感性。大雁不懂日历，它们只能靠着自身对环境的敏感性，确定日期，在冬天到来之前开始迁徙。在团队中最重要的

一点就是对环境的敏感度，环境的特征将直接影响到团队的目标和团队的前进路线。在开学初两位主管领导对这两项工作都进行了详细的布置，对政策要求进行细致解读，并结合学校具体情况进行具体布置，使每一位教师都将要求熟记于心，在大背景、大方向的指引下共同努力。

其次，是对团队精神的忠诚，对团队目标的执着。雁群的飞行效率是孤雁的1.71倍，雁群飞行时领头雁奋力振动翅膀，给后面的大雁营造出相对真空的氛围以减轻其飞行阻力，然后依次类推整个雁阵便能以高效的形式前进。这就像我们的学校，围绕学校目标和理念，在校长先进教育思想的引领下，书记、副校长及各个部门的主管领导，都以迎检和体育文化节为现阶段的工作重心，各司其职，主动思考，自主创新。尤其是体育文化节上，各年级组在组长的带领下，以学校课程为中心，从大局出发，形成各年级的展示特色，就像雁群，各自振翅，共同高效完成了两项大任务。

在漫长的旅途中，雁群从来都是目标清晰，方向坚定。在团队配合中更应如此，坚定的目标和方向是团队生存和发展的必要条件。在我校一直有明确的目标和发展方向，学校各项工作都在围绕办学目标而开展。迎国检工作，我们学校没有像其他学校那样紧张的加班，临时抱佛脚，这是因为，上级要查的，其实就是我们一直在做的，日常管理和工作的点滴，我们都是做得比较到位的，准备的过程仅仅是我们查漏补缺的过程。体育文化节的展示更是我们课程成果的体现，每一届的体育文化节我都负责的是音乐这部分，对每场展示都了然于胸，今年的体育文化节是我们展示内容最丰富、参与学生最广的一次，这也是我们五年课改、学生发展的具体体现，我们基本达成了学校的育人目标——拥有1~2个体育爱好。

再次，是注重贡献。在雁群迁徙的过程中，各个大雁的分工不同，领头雁在飞行中所承受的阻力是十分巨大的，在飞行过程中，其他雁对领头的雁则发出"呱呱"的叫声给领头雁以鼓励，使它保持高速的飞行以带动雁群的高效率。而在飞行间歇休息的时候也有大雁站岗放哨为雁群的安全高度警诫。在团队中也是如此，无论是压力重重的"领头雁"，还是辛苦付出的"站岗雁"，每个成员都应为团队的生存与发展贡献出自己的一份力量。我们的团队也是这样，大家在各司其职的同时，互相鼓励，互相帮助，尽力做好自己分内的工作。在这两项活动中，我们身边有很多小事都能看出大家的贡献。其实，在团队配合中，我们应首先看到的是对团队的付出和贡献，古语云"成人达己，达己为人"，只有成就了他人的事业和工作，积极的贡献出自己的智慧和汗水，最终才能实现自我提升，实现自我的价值体现。

最后，是主动的补位意识。在雁群飞行过程中领头雁承受着高度的压力，因此在其力尽之后，它会退到雁群的后方，而其他的雁会积极的补到"头雁"的位置上。依此类推，雁群中的每一个成员都会轮流承担"头雁"的任务。在团队配合中也是一样，"领头雁"不仅是一种荣誉和地位，更加意味着是对团队更多的付出和更大的压力。这让我想到了现在年级组长参与管理。其实不仅是这两项大活动，学校的各项工作都离不开年级组，都是围绕学生发展开展的，年级组长就是我们团队的核心，大家都当"领头雁"，就是对学校发展方向的一个深入理解和承担压力的过程，只有我们团队中的每一个成员都承担起一定的压力，众人拾柴火焰高，对促进整体的高效发展将起到不可估量的作用。

学校各项工作都需要大家的相互协调，因为我们面对的是人。我们做的事也是大家的事而非个人的事，我们是一个团队，作为工作团队更是应当长短互补，积极协作、配合。没有完美的个人，只有完美的团队。打造高效、无缝隙团队，需要我们每位成员的付出和努力，而高效的团队是实现我们教育价值的法宝，更是实现我们个人价值的有效途径。

（三）硬件带软件——利用现代化的教学设施，拓展教育教学领域，促进师生全面发展

硬件设施配备齐全。学校配有200米环形跑道的操场，12个专用教室，300平方米的图书阅览室，可容纳200人的报告厅，所有教室都有带电子白板的推拉式组合黑板、闭路电视、学生储物柜、独立洗手池、空调、图书角等设施，校园里、教学区内处处都创设着充满人文气息的环境文化。硬件条件给了全体干部、教师、学生及家长以充分的自信，同时也成为社会各个层面关注的焦点和迅速提升软件的动力。

硬件设施促进教师应用现代化教学水平的提高。学校从电子白板培训到数字图书馆、校园网的应用，促使老师们必须熟练的应用现代化的教学手段，并创造性的应用设施设备，工作理念和视野得到了拓宽。

硬件设施促进了校本课程的研发。学校优质的硬件资源为开设电子琴、舞蹈、书法、计算机绘画、电视编辑、跆拳道、乒乓球等校本课程提供了可能。我们以校园文化景观为立体教材，开设主题雕塑、名人名言、百个成语故事、非物质文化遗产、阅读与欣赏等课程。

（四）责任带品质——充分利用区域内资源优势，提升办学品质，打造优质学校

充分利用区域内资源优势，提升办学品质，打造优质学校。我们有着名校办分校的大好机遇，有着良好的硬件设施，有着朝气蓬勃的师资队伍，那么如何迅速提升办学品质，打造优质学校就转化成了一种责任，也就是我们要有强烈的责任感和使命感，每一位教师都有打造优质学校的责任和使命，必须脚踏实地付诸行动，逐渐提升办学品质。

（五）和谐带团队——创设一个浓浓的家的氛围，让老师快乐幸福的工作

以团队精神树立责任意识。学校行政出台一些制度和办法，充分利

用年级、学科办公室相对独立的资源优势，组织教研活动、组织文明办公室评比、争创和谐奖，在教学考核中兼顾团队与个人，在教育工作中提倡年级组统一组织班队会，统一进行四项评比，体育文化节上年级组作为队列展示单位，使全体教师在各项活动中都有一种对团队的责任，更加凝聚了和谐的团队力量。

充分发挥党支部和工会作用。利用现有资源创办了党员活动室和工会之家，开展行之有效的活动；关注教职工体质健康，把教职工健康工程作为校长工程来抓，每周工作时间内强制要求进行两个小时的体育锻炼；每逢新年、教师节都组织浓浓的"相亲相爱一家人"联欢活动等。

四、构建七大文化

文化是一所学校的灵魂，弥散在校园各个角落。学校积极推进七大文化的创建，即责任、规范、高效、民主的管理文化；阳光、美丽、智慧、合作的教师文化；大气、博爱、儒雅、自信的学生文化；尊重、责任、合作、成长的家长文化；生本、对话、求真、累加的课堂文化；多元、自主、开放、未来的课程文化；亮丽、精致、育人、适宜的环境文化。学校行政领导利用每周例会对管理文化进行论谈；教师们通过组内交流、全体教师会研讨的形式对教师文化、课堂文化进行讨论；各年级组纷纷召开年级家长会，教师与家长一起探讨家长文化；同学们利用校园广播、班会时间、国旗下讲话进行学生文化讨论，教师、学生、家长在共同探讨中参与完善，在参与完善中成长进步，在成长进步中学校、师生、家长共同发展。

在"一三五七"行动计划指导下，全校师生共同努力下，学校综合考核成绩连续跨入了全区一类校行列，先后被评为北京市基础教育课程建设先进单位、全国优秀外语实验学校、区"十一五"推进素质教育先进单位、国家重点课题"和谐德育研究"优秀实验学校、门头沟区先进基层党组织、区第三届英语节优秀组织奖、通过了北京市小学规范化建设工程督导验收。

第二篇　因校制宜研发自主课程，促进学生个性发展

常言道："龙生九子，子子不同"，学校教育面对的孩子来自千家万户，其个性更是千差万别，这与学校教育的整体性、统一性形成了天然的矛盾。

既要面向全体，又要培养个性发展，如何使二者达到相互融合、完美统一呢？其关键在于科学地设置施教的载体——课程。国家的决策是设置三级课程体系，即国家课程、地方课程、校本课程，尤其校本课程的设置，为学校实施个性化教育提供了有力的自主权，同时也对学校提出了新的研发课题。

虽然都是学校，但其地理位置、环境，教学设备、条件及师资水平和学生来源，都各不相同。因此，其课程的设置没有可比性，也无法模仿、复制。这就要求我们的办学者，用心地审时度势，针对学校的实际情况，因地制宜、因校制宜地研发、设置自主课程。

针对学校实际，经过不断分析、研究、探索、实践，现我校的"育鹰"课程体系逐步成型。其总体架构为："一体两翼"，含有"六大领域三类"。一体，是指以学校育人目标为主体；"两翼"，是指人的两大核心素养，人文素养和科学素养；"六大领域"分别是，科学、语言、艺术、社会、健康和综合

实践领域；三类，指基础类课程、拓展类课程、提升类课程。其特点是，既兼顾了国家、地方、校本三级课程的要求，又对其进行了整体设计、相互融合、分层实施，例如艺术领域：以音乐、美术为基础类课程；器乐、书法、计算机绘画为拓展类课程；剪纸、合唱、白描、装饰画、京剧、十字绣、编织、串珠等为提升类课程。

"育鹰"课程的整体设置与实施，不仅有效地弥补了国家、地方、校本课程相互割裂、重复设置、课时不足等矛盾，而且充分兼顾、化解了全面发展与个性培养的矛盾，为每一位学生都精彩提供了丰富内涵和广阔天地；同时也为蓄积学校文化内涵，逐步形成学校文化特质奠定了基础。

第一章 因校制宜研发自主课程

第一节 "育鹰"课程的研发与实施

课程是指学校为实现培养目标而选择的教育内容及进程的总和，是学校教育中为学生发展提供的真正的教育产品。是解决学校培养什么人的问题，也是学校与学校区别的重要标志，更是学校实现办学目标的主要载体。如何整体构建学校的课程体系，使我们的课程设置最大化的促进学生的发展，为学生健康成长奠基呢？

一、分析现状，让课程成为实现办学目标的重要载体

我们对学校的办学理念和办学目标、育人目标进行了研讨与分析，并对师生基本情况进行针对性的剖析，在此基础上考虑"育鹰"课程的研发与实施。

学生的基本情况：学校现一校三址，学生的构成较复杂，既有当地农村家庭的孩子，也有外地进京务工子女，还有周边高档商品房随迁孩子，家长与孩子的需求呈多样化。

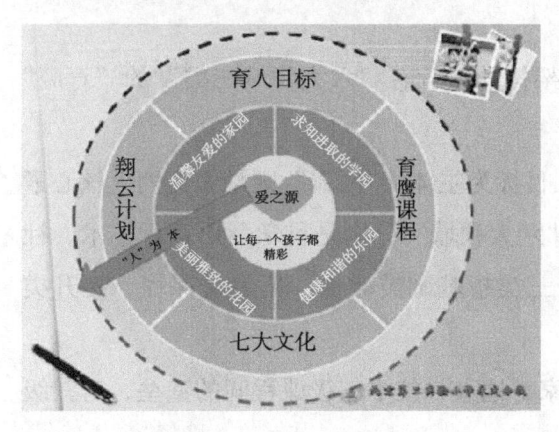

我校的办学理念、办学目标、培养目标可以用一个圆形表示，也就是以"爱为源"为圆心，"人为本"为半径画圆。我们知道，圆的大小取决于半径的大小，人为本作为半径中的这个"人"就是我们的培养目标，培养的越好，半径就越大。核心价值是"让每一个生命都精彩"，

以实施"育鹰"课程，落实翔云计划、构建七大文化为支撑，实现学校办学目标。

关于"育鹰"课程这个名字，有位专家还专门问起：学校的理念是"爱为源、人为本"，怎么也和鹰联系不上啊？况且鹰的凶猛怎么与爱有关联呢？其实刚刚迁入新校址时，我们学校就推出了一个"育鹰"行动计划，目的是孩子们在老师及家长共同呵护下，习得本领，增长才干，懂得感恩，将来能够成为自由翱翔在蓝天的雄鹰。而且鹰的成长过程也渗透着爱与教化的过程。鹰一般在陡峭的悬崖峭壁间筑巢，刚出生下来的小鹰需要鹰妈妈喂养。等长到一定程度的时候，鹰妈妈开始教小雏鹰练习飞翔。于是把小鹰全部推下悬崖，小鹰再爬上来，再推下去，反复练习。直到有一天小鹰不再摔下去而用翅膀拍打着飞翔时，技能就学会了。这个过程不正是反复训练教育的过程吗？不也渗透着鹰妈妈对小鹰的爱吗？

二、将培养目标转化成课程目标，构建"育鹰"课程体系

将培养目标细化到各年级，做到具体化、细致化，具有可操作性、可达成性，促使我们的课程实施有的放矢，课程落实有迹可循。课程设计坚持落实课程目标，结合北京市《学科改进意见》《北京市课程建设方案》《课标》的要求，将国家课程、地方课程、校本课程进行整体考虑，形成上下贯通、有机协调、科学合理的融合课程。

（一）课程架构

建构"一体两翼"为主架构的，含有"六大领域三类"的"育鹰"课程体系。

"一体"是指以学校育人目标为主体；"两翼"则是人的两大核心素养，人文素养和科学素养；"六大领域"分别是科学、语言、艺术、社会、健康和综合实践领域；三类指基础类课程、拓展类课程、提升类课程。

在课程设置中打破了国家、地方、校本三级课程间的壁垒，对三级课程整体设计，分层实施。

基础类课程：这类课程面向全体，基本由国家课程组成，通过国家课程校本化来实施。

[图示：鹰形课程结构图，两翼标注"人文素养"与"科学素养"，包含提升类课程、拓展类课程、基础类课程三类，以及科学领域、语言领域、艺术领域、社会领域、健康领域、综合实践六大领域；主体为"崇德善学、饶有特长、身心健康"；两翼：人的两大核心素养——人文与科学；一体：以学校育人目标为主体；底部为"家长·爱·教师"]

拓展类课程：这类课程面向全体学生，将国家课程进行拓展并有效地融入地方课程和校本课程学习内容。

提升类课程：这类课程主要是为学有所长的孩子提供更高层面的兴趣爱好，关注学生的个性发展，主要是利用3:30～5:00时段，通过社团形式实施。

例如，在综合实践领域中三类课程这样落实：基础类课程，主要用于落实学科10%综合实践活动，进行学科内的整合，开展研究性学习。拓展类课程，通过主题研究课开展跨学科的综合实践活动，在各领域间和学科间找到内容的整合点，找到共同的发展点，站在更高的角度去设计拓展内容。提升类课程，通过组织学生开展竞赛和各类文化节的教育活动，为学有所长的孩子提供各类平台，将所学知识在实践中有效运用，在实践中不断地引发学生的内在学习兴趣的课程，为学生适应未来多样化生活打下良好的基础。

（二）课程设置

设置长短课时：学校基于学生学习的规律和小学生的心理特点，将课时安排弹性化，采取长短课时相结合的形式。在保证基础类课程学习的基础上，设计长课和短课，长课40分钟，短课35/30分钟，还有微课和联排课等具有适应性的课程，使每天的课时长短穿插，张弛有度，富有弹性，带给学生新鲜感，提高学生的兴趣。例如，语文单元主题教学"1+1"的模式，35分钟教学任务完成显得困难。进行这样的考虑：每天安排两节40分钟长课，主要进行语文、数学、英语等基础类课程的学习。结合学生学习、生理及学科的实践性等特点每天开设4节35分钟短课，主要进行实践性、活动性较强的课程学习，如科学、品生、品社等。教学时间压缩后，对教师教学影响不大。每天安排两个10分钟微时段，主要进行国学诵读和书法练习，将学习内容进行有机分散，达到天天练的目的。每天上午10分钟的诵读时段，下午10分钟写字时段进行书法练习，落实书法教育要求。同时每天下午开设30分钟"乐学汇"自主时段，开展阳光体育活动和自主阅读等内容，为学生提供自主学习空间，使学生在轻松的氛围中提高学习兴趣。

设置连排课时：经过对学生和教师进行调研，发现部分课程在原有的40分钟内完不成任务，需要增加时间，但是80分钟又过长，尝试进行两节小课连排，使单位时间的效益最大化。例如：一年级的电脑绘画课程，还有外聘教师授课的专业技术性较强的课程都采用连排的形式。

设置大小课时：学校开设了多种具有特色的课程，形成了拓展类课程，这类课程面向全体学生，为达成育人目标，进行有效拓展，并强调学科间的整合，有效地融入地方课程和校本课程内容。其中有些课程内容根据学生实际情况进行重组，形成了大小课时。如三年级的京剧课，在普及京剧知识时进行年级授课，在实际授课中又根据男女声分班授课，第三个层次则是根据京剧的行当进行授课，其中有十几人的小课，也有60人的大课。为了提升学生的综合素质和综合实践能力，学校结合综合实践活动课、学科实践活动、区级教育基地活动及社会大课堂活动等，创设了实践性、体验性较强的"主题研究课"。主题研究课设置了年级授课、分班授课及小组学习的大小课形式。

增设外教课：学校根据学生的实际需要开设了外教课堂，拓宽国际视野，在授课内容上结合基础课程，适当扩充纯正英语内容，所以英语课由国家规定的2~3课时，增加到每周3~4课时，并在每周增加一个20分钟校园广播，以提升学生的英语素养。

三、课程实施在摸索中前进，在尝试中创新

学校在课程设计时注重学生多方面素养的形成，注重学科基础性与实践性的教学研究，立足于学生的知识水平和生活实际，打通课本与生活之间的界限，将教学目的转化为学生的内在心理需求，让他们在生活中学习，在学习中发展，从而获得有活力的知识系统，引导学生不断地超越现实生活，为学生的可持续发展和终身发展奠定基础。

（一）尝试学科内教学改革，探索课程创新

语文学科课程改革中立足学科本质，结合《语文课程标准》和《语文学科改进意见》，全面打造"主题引领下的语文课程体系"，包括"主题拓展识字""主题单元阅读""主题专项写作"。

以教材为本，以课文为载体，在正确把握本课生字音形义的基础上，以其中一个有代表性的生字为突破口，以汉字字理、构字特点为基础，多角度开展拓展识字的学习，加大学生的识字量，以多识多认为目的，为学生广泛、深度阅读奠定基础。

拓展识字教学框架		
拓展领域	拓展内容	举例说明
字拓展	同音拓展	学习雷锋的"锋",拓展"feng"同音字
	同旁拓展	学习"海洋"拓展"三点水"同旁字
	同声拓展	学习"伯",拓展"白"的形声字
	同形拓展	学习"句",拓展"甸、匐、勺"等形近字
	同义拓展	学习"看",拓展"瞧、瞅、眺,"等同义字
	同结构拓展	学习"森",拓展"晶、磊、淼"等同结构字
词拓展	以字带词的拓展	学习"恩",拓展积累含有"恩"的字词
	以事物为内容拓展	结合课文内容拓展山、水、动作等事物的词
	以时间为内容拓展	结合课文内容拓展春夏秋冬的词

通过搭建平台,激发识字兴趣,各班、各年级定期召开多种形式的识字交流会,展示从各种图片、包装袋等地方识记的汉字,与同学进行分享,还开展了识字大王比赛、制作生活中的汉字手抄报等丰富多彩的活动。

数学学科开展单元整体教学设计,教师把教学设计的视野从单课时的微观范畴转向更为宽阔的单元宏观范畴,实现教学过程的整体优化,"三维目标"的整体推进,以获取最佳教学效果。通过单元整体教学设计将学习时间进行压缩,节省出来的时间将带着学生们玩数学、做数学、讲数学故事,解决生活中的数学问题,进行数学实践课研究。

英语学科开展课堂教学"六环节"教学模式的研究,将原有的"拼读英语"教学方式与教材相结合,探索由精彩两分钟—学习新知—情境感悟—语言习得—语言训练—作业布置组成的"六环节"教学模式,促进学生语言习惯的生成,最终形成综合语言运用能力,并实现学校的育人目标。学校根据学生的实际需要开设外教课堂进行学科实践活动,开展视听说、英语经典剧目赏析、英语剧表演等活动,学生在实践中拓宽国际视野,在交际中进行文化渗透,在表演中提高综合运用语言的能力。

体育学科引进体育专业技能课，开设武术、乒乓球、健身操、足球、跆拳道等课程。音乐学科把乐器搬进课堂，开设乐器课，还开设了京剧课。美术学科开设计算机绘画、创意DIY、3D打印等课程，从学生感兴趣的事物出发，培养他们的观察力与审美情趣，从而提高感受生活的能力。

（二）综合设计课程，落实学科实践活动

新的课程实施计划提出"各学科平均应有不低于10%的学时用于开设学科实践活动课程"，我校分两个层面开展学科实践活动：一是开展单学科实践活动课程；二是结合主题研究课开展跨学科的实践研究。

1.基于学科本质落实学科实践活动。

学校在各年级各学科开展了不同形式的学科实践活动课，这类课程重点从实践上下功夫，让孩子充分参与到学习过程之中，积极主动的、独立自主地提出问题并分析解决问题，感受并体验知识的形成——"做中学"。

这是我们各年级单科实践活动安排表，如在语言领域各年级均开展经典诵读，悦读与我，英语视听说等实践。在实施的过程中明确开展年级、活动主题、活动形式与内容、学时安排。每一项安排我们又制作了附表，对具体的课程作了内容上的划分和要求。

2.开展主题研究课进行课程综合化设计。

为了更好地进行课程的综合化设计，将综合实践活动课程（含学科实践活动课程）、地方课程、校本课程课时进行统筹使用，主要体现在学校拓展类课程——主题研究课。

学科教学大多按照知识系统，进行纵向的"条状"学习，学生的学科基础知识扎实，但思维视角相对单一；主题研究课是从不同侧面认识同一事物，从一点辐射出多条线，最终形成网状结构。多学科融合的探究性学习，构建"宽而容"的认知系统，形成立体的思维品质。

主题研究课在1～6年级开设，每周2个长课时进行研究，全学科共同参与，并将市级地方课程内容《小学专题综合教育》《中国梦》

《我们的城市》等内容进行融合。研究过程根据年级研究内容而定，可以是学科独立授课，也可以是年级集中授课。主题研究课还结合各学科校外实践活动、社会大课堂、区级实践基地活动开展综合实践研究活动。

各年级单学科实践活动安排表

领域	学科	年级	活动主题	活动形式与内容	学时安排
语言领域	语文	1~6	1.经典诵读	结合各年级经典诵读内容开展中秋、清明诗会；开展班级、校级朗诵会；开展学生诗歌创作大赛，形成作品集	4学时/周
		1~6	2.悦读与我	结合"读书节"活动，开展阅读交流、课本剧展演、作品改编、读书报、辩论会等形式的实践活动	4学时/学期
		1~6	3.日积月累	开展汉字听写大赛、成语大赛活动	4学时/学期
	英语	3~6	1.外教课堂	了解英国风土人情、人文历史，进行语言学习；通过"我给外教当导游"活动，提升学生口语表达能力	1学时/周
		1~6	2.英国文化周	开展书写比赛、手抄报比赛，结合万圣节、圣诞节开展主题文化活动	4学时/学期
		1~6	3.英语视听说	开设英语戏剧社，观看经典外国动画影片，开展配音、表演、朗诵比赛	4学时/学期
科学领域	数学	1~6	1.生活中的数学	开展数学游戏、生活场景模拟、实际信息收集等数学研究	1学时/2周
		1~6	2.数学中的阅读	开办数学阅读小报，开设数学阅读课	1学时/2周
	科学	3~6	1.科学实验课	开展科学小实验研究，制作科学小报，进行实验交流会	4学时/学期
		3、4	2.单片机	开设单片机课程，提升学生科技素养，开展科技制作活动	1学时/周
	信息	3、4	信息与生活	制作电子相册和电子小报，表现主题研究课的汇报内容	1学时/学期

续表

领域	学科	年级	活动主题	活动形式与内容	学时安排
艺术领域	音乐	1~6	1.乐器：马林巴（1~2）、电子琴（3~4）、葫芦丝（5~6）	结合学校主题活动，开展乐器演奏展示活动	1学时/周
		3	2.京剧	开展京剧文化交流和展演活动	1学时/周
		1~6	3.音乐节	开展唱歌、校园卡拉OK大赛、生活中的音乐元素我知道等活动	4学时/学期
	美术	1~2	1.电脑绘画	开办电脑绘画作品展	2学时/学期
		3~6	2.生活中的色彩	开展主题画展，巧巧手美术作品展，邀请画家走进校园进行讲座，开展著名画作赏析	4学时/学期
	书法	1~6	书写人生	开展书法比赛，书法艺术交流活动	2学时/学期
社会领域	品生	1~2	做文明小学生	结合学校主题活动、精选百部影片、学礼仪动画片等内容开展做文明小学生主题活动，进行手抄报展示	4学时/学期
	品社	3~6	做最美少年	结合学校升旗仪式，观赏百部影片及多种教育活动开展践行社会主义核心价值观活动，制作手抄报，进行朗诵会等	4学时/学期
	劳动	3~6	劳动与创造	开展巧巧手作品展，个人创意作品大赛	4学时/学期
健康领域	体育	1~6	1.特色体育课：武术(1)、乒乓球(2)、健美操(3)、足球(4)、篮球(5)、跆拳道(6)	结合各年级所开课程开展单项体育竞赛	2学时/周
		1~6	2.体育与健康	在学科中开展体育与健康知识讲座，结合体育节弘扬体育精神，开展交流活动	6学时/学年

"经典诵读"课程内容及要求

年级	内容	目的
1	《弟子规》	帮助学生建立正确的价值观,养成良好的生活习惯和敦厚善良的心性。同时借助《弟子规》开展"国学浸课堂"的实践,以《弟子规》规范学生课堂常规
2	《三字经》	《三字经》读起来朗朗上口,简明扼要,以中国历史为素材,植根于传统文化,强调教育以"德"为先,学贵在恒和环境对学习的影响,讲述教育与学习重要性,帮助学生从小树立正确的人生观
3	《千字文》	《千字文》思想性和文学性并重,是中国优秀传统文化的一个组成部分;学习书法的绝好范本;是世界上现存的最早、使用时间最久、影响最大的识字课本。诵读千字文在多角度观察、体会、研究中扩展识字量,体会传统文化
4	《笠翁对韵》	体会其辞藻的丰富、优美,典故众多。提升学生遣词造句、作诗、写字等方面的能力,通晓中国文字韵律的精妙、优美
5	《论语》	在简洁精练的语言中体会其含义深刻,学习其关于学习态度、学习方法、学习内容、学习目的的论述,知晓其道理,指导实际学习
6	经典古文	整理小学所学故事,归纳总结小学阶段的国学学习内容,整理成学习体系,完成小学阶段的课程目标

主题研究课年级实施安排表

年级	研究主题	学科	校级实践	区级实践	市级实践	学时安排
1	商品的标签	语文、数学、英语、品生、美术、体育	1.标签识字 2.商标中的数学 3.英文标签 4.标签设计 5.标签中的生活常识 6.贴标签活动 7.作品展	1.影剧院 2.图书馆	1.中国印刷博物馆 2.植物园	校内700分钟/学期 校外630分钟/学期
2	珍惜时间	语文、数学、英语、品生、音乐、美术、体育	1.破题,分成研究小组 2.设计任务单 3.学唱歌曲 4.珍惜时间故事会 5.争分夺秒活动 6.研究汇报	1.影剧院 2.图书馆	1.大钟寺古钟博物馆 2.自然博物馆	校内700分钟/学期 校外630分钟/学期

续表

年级	研究主题	学科	校级实践	区级实践	市级实践	学时安排
3	叶子	语文、数学、英语、科学、美术、音乐、品社	1.破题，分成研究小组 2.设计任务单 3.叶画制作、树叶剪贴画展 4.自然中的叶子研究 5."我与自然"环保故事会 6.歌唱春天 7.研究汇报	1.莲石湖公园 2.灵溪基地	1.走进植物园 2.走进自然博物馆	校内700分钟/学期 校外630分钟/学期
4	蜜蜂	语文、数学、英语、科学、美术、品社、音乐、劳动	1.破题，分成研究小组 2.设计任务单 3.蜜蜂精神与学习征文活动 4.软陶制作 5.蜜蜂习性学习了解 6.手抄报展 7.研究汇报	1.蜜蜂园 2.琉璃渠基地	1.蜜蜂博物馆史 2.植物园	校内700分钟/学期 校外630分钟/学期
5	玻璃	语文、数学、科学、美术、英语、品社	1.破题，分成研究小组 2.设计任务单 3.了解玻璃科技 4.玻璃作品赏析 5.玻璃产品的回收与利用 6.研究汇报	1.精雕科技园 2.雁翅基地	1.中国工艺美术馆 2.北京艺术博物馆	校内700分钟/学期 校外630分钟/学期
6	十二生肖	语文、数学、英语、劳动、美术、音乐、体育、品社	1.破题，分成研究小组 2.设计任务单 3.十二生肖故事会 4.外国人眼中的生肖 5.剪纸艺术 6.3D打印生肖图 7.研究汇报	1.爨底下古村落 2.斋堂基地	1.国家博物馆 2.中国美术馆	校内700分钟/学期 校外630分钟/学期

（三）设置衔接与延伸课程，推动课程内容的创新

入学课程：为了使升入小学一年级后的学生在最短时间内，以最快速度适应小学的学习生活，学校利用附属幼儿园资源，将入学课程内容前延，创设了以幼小衔接和一年级入学为主要内容的入学课程。

毕业课程：毕业课程贯穿六年级始终，既是学生小学学习生活的终点，又是为初中生活做充足准备的起点，帮助学生全方位、多角度，以一种动态归纳，个性展示的方式总结自己各方面的成长与收获，并以此展望美好的未来，放飞成长的梦想。

我校的课程改革落实了学校发展目标，坚持在课程实施的过程中贯彻落实学校的办学理念和育人目标，使学校在课程实施中富有特点的可持续发展；充分挖掘校内优势资源，借助校外资源为校内资源提供补充，从而实现校内到校外的大课程观。完成了以下五方面的改造。

一是对课程结构的改造：打破了原有三级课程之间的壁垒，形成了现有的"六大领域三类"的课程体系，既落实国家、地方课程开足开齐的要求，又满足学生个性化发展的需要。

二是对课时的改造：将基础课时定为35～40分钟，长短课时结合，既有连排的70分钟大课也有10分钟微课。

三是对学科课堂教学的改造：如语文主题单元教学，拼读英语在英语课堂上的运用，思维导图在学科教学中的应用，数学单元整体教学研究，低年级国学浸课堂，一年级入学课程，六年级毕业课程，一至六年级主题研究课等。

四是对课程资源的改造：充分利用校内外资源开展课程建设，将综合实践类课程与区综合实践基地教育内容紧密结合，将社会大课堂与学科教学相融合，将各学科教学内容整合在学生中开设主题研究课程。

五是对学生评价的改造：在《北京市小学生综合素质发展评价手册》的基础上，围绕育人目标形成了我们自己的学生多元评价。从学生的行为习惯、学习技能、学科知识、个性发展等方面开展形成性和综合性评价，形成学生成长档案。

四、对课程改革的思考

挑战校长的课程领导力，办怎样的学校？培养什么样的人？都要通过课程这个主要渠道，因此，校长的课程领导力显得尤为重要。学校管理干部也要通过课程改革不断学习与研究，统筹规划和设计学校课程，不断提升自我的课程领导力，有效引领课改在学校中的实践与创新。

课程改革带来了管理机制上的变革，为适应课改的需要，我校管理机制相应变化，成立"两室两中心"，形成跨校区的大组制扁平化管理模式，建立管理的"新常态"。

教师参与课程的建设与实施，对教师专业发展提出了新的挑战，迫使教师不断树立全课程意识和研究意识，增强整体课程的把控能力和跨学科教学研究的能力。课程资源"供给侧"的不断丰富，促使学校深入思考办学的个性化发展。

"育鹰"课程的开发与实施，让我们的孩子在课程体系下健康成长，彰显个性，得到发展。

第二节　小学入学课程

升入一年级是孩子们的一个关键转折点，如何尽快让他们从以"游戏为主"的幼儿园小朋友过渡为以"学习为主"的小学生，要从发展和提高学生自身内部适应能力入手，围绕"学习适应能力"这一核心，为学生做一般的和特殊的两方面连续准备，以帮助学生实现不同教育阶段的顺利过渡。入学课程使小同学成功地迈出小学阶段坚实的第一步，它的关键是发展、持续、支持、过渡。为了使升入小学一年级后的小学生在最短时间内适应小学的学习生活，学校利用附属幼儿园资源，将入学课程内容前延，开设了幼小衔接课程。入学课程包括幼小衔接课程和一年级入学课程。

一、幼小衔接课程

　　幼小衔接课程主要有三个目标：有入小学的愿望和兴趣，向往小学的生活，具有积极的情感体验；初步了解小学的学习活动特点和课堂教学规范，对各类学习活动形成好奇心和求知欲；初步养成良好的学习习惯（倾听习惯、阅读习惯），生活能力（自我服务能力、自我保护能力），及建立初步的规则意识、任务意识。

　　幼小衔接课程主要形式是走进小学，调整作息，课程安排，衔接评价等。

　　走进小学：敞开小学的大门，幼儿园孩子们走进小学的校园，熟悉校园的环境，了解小学的作息，和大哥哥大姐姐一起做操，一起玩耍。还和一年级孩子们共上一节课，感受课堂的变化，学习的魅力。请小学生为幼儿园孩子们讲述自己的成长故事。让孩子们在心理上有了进入小学的准备，对小学校熟悉而又亲近的感觉，消除孩子对升入一年级的陌生与恐惧。

　　调整作息：遵循幼儿身心发展的特点和规律，调整作息让孩子们提前适应小学的作息时间。充分满足幼儿运动和游戏的需要，体现动静交替的原则，保证自由活动、自主选择活动的机会，在此基础上积累丰富多样化的活动体验。

　　课程安排：确立大课程意识，坚持一日活动皆课程的思想，综合显性课程和隐性课程的效应。显性课程设计"我要上学了"主题课程，主要有"我要毕业了""我眼中的小学""我喜欢的课堂""我的小书包"四大主题模块，并结合模块内容开展体育活动、歌舞活动、智力游戏、阅读活动等。隐性课程创设以幼儿为主体的环境，充分发挥环境的教育影响。如创设"我的活动我安排""天天来园不迟到""我是值日生"等墙面布置内容，变全班统一规划安排的环境为个体包干管理的环境等，使环境成为幼儿自我安排、自我展示、自我激励的园地。此外，结合日常生活经常给幼儿布置一些小任务，以帮助幼儿养成良好的学习、生活习惯，强化任务与规则意识。

衔接评价：以幼小衔接目标为依据，坚持正确的价值导向，以入学愿望、学习兴趣、学习习惯、生活能力等核心要素作为评价内容。大班幼儿成长档案中增加"入学预备期"项目和内容，注重过程性和发展性评价，运用活动即时评价、阶段小结评价、亲子合作评价等方式，让幼儿在评价中体验成长、感受成功的快乐。

二、一年级入学课程

一年级入学课程从孩子走进学校那天开始，通过日常的培养（国学教育、习惯养成教育等）和活动的展示（入校仪式、家长课堂、开学第一课、开笔礼等），使孩子们尽快地适应小学的生活。

入校仪式：消除新生的陌生感，全体一年级教师在校门口迎接新同学的到来，由高年级的学生引领小学生进入教室，带领小同学熟悉校园环境。家长课堂：帮助家长从幼儿家长向小学生家长过渡，向家长们介绍学校办学思想、办学目标、学校文化等，形成家校教育认同，引领家长成为学校教育伙伴。

有趣的开学第一课：它涵盖童谣、儿童诗、绘本（含数学绘本）、电影等。依托吻合孩子年龄特征的美妙的诗歌童谣、有趣的绘本故事及经典的动画影片润泽他们的心灵，同时用写绘的方式让他们尽情表达所思所想，消除他们对陌生环境的畏惧与恐慌心理，培养孩子爱学乐学、积极自信的良好心态，帮助他们顺利迈出求学之路的第一步。

隆重的"开笔礼"：带领孩子走进新的学习生活，开笔礼主要有"启蒙教育""礼拜先师""朱砂启智""家长寄语"等。

"开笔礼"是中国传统中对少儿开始识字习礼的一种启蒙教育形式，开学第二天，全体同学和家长早早来到学校，在"名人园"中聆听

讲授人生最基本、最简单的道理，并由启蒙老师们为孩子们在眉心处用朱砂点上红点，为孩子们开智，寓意孩子在今后的学习中更加聪明。接着美术老师带领同学们书写一个大写的"人"，由校长讲解学校做人育人的道理，并介绍同学们认识教育名家，庄重的拜先师——孔子，拜现师———一年级任课教师。最后，家长会给孩子们送上入学的寄语，鼓励孩子顺利进入小学阶段的学习。

在一年级入学课程中，还设计了通过《弟子规》规范学生行为，渗透课堂文化，帮助学生养成良好的学习习惯；有针对性的评价，帮助学生树立自信，从正确的角度规范学生行为；入学课程汇报，见证孩子们的成长；入学通行证，鼓励孩子们好习惯要发扬。经过一个月的学习、适应、练习，初步树立规则意识，养成了良好的行为习惯，成功地迈出小学阶段坚实的第一步。

入学课程让孩子们在幼小衔接中顺畅而又快乐，让孩子们在心理上有了平稳的过渡，让孩子们在尽情的展示中拥有自信。孩子们，扬起你们小小的翅膀慢慢翱翔吧！

第三节　小学毕业课程

六年级，是小学阶段的最后一年，怎样让他们在这一年中既获得知识能力又给他们留下一个美好的回忆呢？怎样让他们在升入初中时能有一个很好的过渡与适应呢？我校设置了六年级毕业课程。

毕业课程贯穿六年级始终，既是学生小学学习生活的终点，又是为初中生活做充足准备的起点，我校结合学校办学理念与学生培养目标，通过学生全方位、多角度的参与毕业课程设计与实施，促使学生以一种动态归纳的方式总结小学阶段各方面的成长与收获，以学生的知识水平、学习技能、协作能力、组织能力等多方面综合能力作为评价量规，反馈学校育人目标的达成度，并以此为契机共同展望美好的未来，放飞成长的梦想。结合学校"育鹰"课程建设与培养崇德善学、饶有特长、身心健康且具有国际视野的大写的"人"的育人目标，在尊重学生个性、学校育人理念的基础上，根据学生发展的需要，为六年级学生奠定环境认知、课程学习、管理方式、心理调适等方面的基础。

一、毕业课程实施目的

通过调整教学进度，将基础类课程和拓展类课程教学内容进行整合，让学生初步感知自我总结、学习内容梳理、时间自我管理等学习策略，为中学课程学习奠定基础。通过组织学生与中学教师、家长、学生进行访谈交流和走进中学，使学生初步了解中学生活；结合心理培训，为学生平稳的过渡到中学做好心理调适。通过进行社会热点问题及主题研究，使学生运用所学知识体验如何做资料整理、考察汇报、撰写小论文、拍摄微电影等，在活动中培养学生的观察能力、总结概括能力、创新能力等综合能力。通过军训及游学活动，对孩子进行爱家乡爱祖国教育，磨炼意志，增强学生的组织纪律观念。通过毕业典礼，进行感恩教育，感恩母校、老师、家长，并进行初中励志教育，鼓励学生以更好的状态投入到中学阶段的学习生活，开启美好的人生。

二、毕业课程框架

模块	时间	内容
课程学习	第1~12周	完成六年级基础类课程的学习内容，整合学科知识，帮助学生梳理知识结构，总结学习方法，形成学习能力
主题研究	贯穿学期	成立学生研究小组，确定研究主题，根据社会关注热点问题开展调查研究，形成研究成果（报告）
个性发展	贯穿学期	结合年级育人目标完成发展性和个性化学习内容，进行归纳总结；成立微电影摄制组，尝试拍摄一部微电影
中学体验	第10周	一、心理准备 1.学生、家长心理培训，指导家长与学校一起陪伴学生经历这个心理成长期 2.成立小组进行访谈、调研，了解中学生活、学习等学生感兴趣的内容 二、励志教育 结合国家课程、人文素养类课程（经典诵读）及日常生活，召开《成长与梦想》主题班会 三、中学体验 走进中学，感受中学课程、环境及管理

续表

模块	时间	内容
国防教育	第12周	1.国防教育讲座 2.走进军营，了解部队团结、紧张、严肃、活泼的良好风气 3.军训，规范学生行为，增强组织纪律观念
游学课程	第14周	走进教育基地、徒步京西古道，多角度感受家乡文化，综合体验革命传统、劳动与艺术、生态与科技等教育内容，同时在集体生活中升华师生情谊，为小学生活留下深刻回忆
毕业典礼	第19周	邀请家长参与毕业典礼，举行毕业仪式，颁发毕业证书，总结小学生活

三、毕业课程实施效果

6月28日，我校在门头沟少年宫为毕业生举办毕业课程展示暨毕业典礼，全体六年级师生和家长约500人参加活动。

序号	项目	内　容
1	开场篇	1.毕业生入场（诵读展示） 2.唱响校歌 3.观看毕业课程纪录片
2	展示篇	1.器乐联奏 2.热点问题访谈 3.英语歌舞展示 4.微电影《我的未来不是梦》 5.体育串烧

续表

序号	项目	内容
3	感恩篇	1.师生表演唱《我爱我的家》
		2.感恩母校（互赠纪念品）
		3.校长寄语
4	毕业篇	1.颁发毕业证
		2.毕业生代表发言
		3.传递红领巾
5	起航篇	合唱《爱从这里起航》

毕业典礼由开场篇、展示篇、感恩篇、毕业篇和起航篇五个篇章组成。学生展示了六年来的学习成果，有经典诵读，器乐联奏，热点问题访谈，英语歌舞，体育串烧，及学生自编、自演、自导、自己剪辑的微电影，孩子们还把亲手绣制的"爱为源，人为本"十字绣作品，献给母校。母校也为毕业生们准备了一份特殊的礼物——《毕业纪念册》，书中有对校园生活的回忆，有同学间真诚的祝福和老师临别的叮嘱。

六年级毕业课程，让孩子们的小学阶段画上一个完美的句号，留下一个美好的回忆，让孩子们在升入初中时有一个平稳的过渡，让孩子们扬起的翅膀在展现自己魅力的同时继续前行。孩子们就像一只只雄鹰从这里起航，我们有太多的依恋与不舍，但蔚蓝的天空是他们驰骋的地方，继续努力！

第四节　课程评价伴我前行

我校构建了"育鹰"课程体系，并已经开始实施。为了更好地落实课程方案，促进课程建设与改革，不断完善和修订开设的课程，课程评价无疑发挥着关键的作用。

一、对课程、课堂的评价

对课程的评价：为确保课程开发的科学合理，学校制定了《个性化课程开发与实施评价表》，聘请专家对课程框架和课程实施等方面进行评估分析。此外还通过课程开放日，学生、家长座谈，问卷调查，"我最喜爱的学科"评选，"我最喜爱的老师"评选等方式请学生、家长对课程实施情况进行评价，提出建议，不断发现问题，随时调整完善。这一系列的举措保障了课程改革的顺利实施。

对课堂的评价：课程改革的落脚点还是在课堂。我们围绕打造生态课堂，学习方式变革及学校"生本、对话、求真、累加"的课堂文化要求，进行了"实验二小永定分校课程评价"的研究。改变原有的课堂评价标准，将学生主动参与、学生课堂互动、学生课堂交际等方面作为评价的主体，形成独具我校课堂特色的评价方案。学校教学评优，课堂教学研究等都以此为依据。课堂评价让老师们有了更明确的实践目标。

二、对学生的评价

结合学生课程目标中"养成10个好习惯"的要求，在《小学生综合素质发展评价手册》的基础上，围绕育人目标形成了学生多元评价体系。每学期形成一个好习惯，依次累加。由全体任课教师统一培养，在课堂教学中促进学生的习惯形成。由任课教师每天填写《学生课堂习惯养成评价表》，每月评选"习惯养成标兵"。针对学习技能、学科知识、个性发展等方面开展形成性和综合性评价，形成学生成长档案，以促进课程体系的完善，使课程建设更适合学生发展需求。多元评价既关注学业水平又关注个性发展；既关注过程性评价，又关注终结性评价。这种评价得到了老师、学生、家长的认可和支持。

对学生课程学习的评价坚持发展性原则，将激励、过程、发展的原则综合在一起，各学科建立学习结果和学习过程并重的评价机制。例如乐器的学习，根据教学进度，学生在学习这门课程中，学生的兴趣、态度、学到的技能，就可以随时记录下来，期末给学生一个综合测评的成绩。编写一个"育鹰"课程综合评价手册，将所有的课程以一个本册的形式固定下来，每个学生一本。教师通过手册增加过程性评价，学生拿到手册也可以清楚每学期的学习目标和任务，家长也可以对学生在校学习情况了如指掌。

三、采取多种形式，多元评价方式

搭设学生素质展示平台，入学教育课程，六年级的毕业课程，诵读时段课程，选修时段的部分课程都可以采取成果展示的形式，力争更多的学生参与进来，展示学习的成果，可以以班级或年级为单位，每月有重点的推进。让孩子们在"育鹰"课程体系的滋润中展现自我，发现自己的精彩。

让学生、家长、老师全部参与评价，家长可以协助教师对孩子的学习进行评价，也可以对教师进行评价，老师既可以评价学生，同时对学校的课程建设也有发言权。这对我们课程方案的执行与改进都将起到积极作用。

学校课程领导小组，要随时深入课堂听课，并且要区别于传统意义上的听课，凡是在我们课程方案中涉及的课程都应该成为我们听课的内容，比如，诵读时段，数学思维课，乐器课，书法时段等，只有走进教室深入课堂，才能及时了解课程开设情况，进度和改进措施，也便于发现在落实课程方案中典型的教学或者是活动，供大家观摩。

课程评价是"育鹰"课程的一个重要环节，关于课程评价，我们还在探索阶段，利用好评价这一手段，会促进"育鹰"课程的落实、改进与创新。

第二章　关注学生个性发展，提升核心素养

第一节　爱育英才，绽放精彩

迎着春的气息，伴着春的脚步，实验二小永定分校于2015年4月30日举办了以"爱育英才，绽放精彩"为主题的第四届体育文化节。

全校51个教学班的全体师生、幼儿园大班儿童，及850名家长代表，手拉手学校军响小学全体师生及家长代表，共2500多人参与此次活动。气势磅礴的鼓号声拉开了体育文化节的序幕，一至六年级全体同学、幼儿园大班小朋友、军响小学代表，带来了独具年级特色的精彩展示。随后师生们进行了特色活动展演，有乒乓球、足球、棒球、篮球、花样跳绳、跆拳道、舞蹈中国范儿、武术等。最后，主持人一声令下拉开了集体竞赛项目的序幕，随即，赛场上立刻沸腾起来，运动员们龙腾虎跃、奋力争先，家长们也不甘示弱积极参与，此情此景无不令人振奋、令人激动。

此次活动，在学校的精心组织下，在学生、家长、教师的热烈参与下，圆满落幕。

我校分别在2011—2013年连续举办过三届体育文化节，2013年起暂定为每两年举办一次。

2011年，我们刚刚迁入新校，万象更新。那时也是我校积极观摩与吸纳北京实验二小总校办学经验，走借鉴模仿式发展路径的时期。为了集中展示学校特色体育活动，展示广大师生风采，丰富课外体育生活，丰富校园文化，我校积极筹备了首届体育文化节。

后来的两届体育文化节，既对这一特色活动进行了传承，又将其视为我校课程建设的一部分，展现了我校体育工作的成果。学生展示内容的成熟度和家长的参与度均有所提高。

在成功举办了三届体育文化节的基础上，继续举办第四届。而作为校长，总结四届体育文化节的心路历程，其中有对学校发展的思考，也有管理思维的转变。

一、调整举办时间，由关注"事"到关注"人"

体育文化节举办了四届，是展示学生风采，增强学生情感体验，丰富学生童年生活的最佳途径，也应该作为学校的传统项目、特色活动加以保留。但是，随着学校近几年的快速发展，承办的活动与承接的各项任务越来越多，最高峰时，平均一个多星期就要承接一次市区活动。教师和学生虽然拥有了许多展示自己的平台，但如果不能及时调整节奏和心态，也极易出现疲惫和浮躁的状态。权衡之后，我们将体育文化节召开的时间由每年召开一次调整为每两年召开一次。调整的背后，是我校管理视角的转变，由关注体育文化节一事，转变为关注体育文化节背后教师和学生的获得和感受。

二、从学校全局出发，重新定位体育文化节

2013年，在市课程中心和区教委的支持下，我校成为北京市"遨游计划"实验学校，拥有了多项政策优惠，拥有课程建设的六大自主权，为我们的课程改革之路奠定了坚实的基础。重新建构课程目标，调整课程结构，丰富课程内容是我们势在必行之事。我们重新考虑国家要求、地域特质、学校追求、家长期待、学生需要等方面的因素，从原有的课程本位中跳出来，重新进行设计和规划，构建了适合师生发展的"育鹰"课程体系。

举办前三届体育文化节，是一个从模仿总校活动到建设分校特色活动的过程。而召开第四届体育文化节时，我校的课程建设有了一个全新的发展。在"育鹰"课程体系之下，我校的体育类课程也发生着变革，传统意义上的体育课程为基础类课程，但每个年级每周还会专门开设两课时连排的拓展类课程：一年级武术，二年级乒乓球，三年级健美操，四年级足球，五年级篮球，六年级跆拳道。传统意义上的体育类社团被纳入提升类课程，并在内容上更加丰富，2013—2014学年下学期，我校共开设了足球、篮球、跆拳道、武术、乒乓球、轮滑、特训班、花样跳绳等体育提升类课程。

在课程建设的背景下召开的第四届体育文化节，已经不是简简单单的体育活动，而是体育课程活动。因此，我们将本届体育文化节的主题定为"爱育英才，绽放精彩"，要通过主题及活动本身体现我校的核心价值——让每一个生命都精彩。

三、凸显体育文化节的文化特质

我校的体育文化节至今已成功举办四届，活动的名称也由最初的"体育节"，转变为后来的"体育文化节"，"文化"是观念，是理念，体现着学校对一个问题的持续思考。小小的两字之差，却有着深深的含义，它有我们对活动过程的关注，有我们对活动意义的深思，还包含很多很多……"体育文化节"，短短半天活动的背后，是学校对体育课程的扎实开展，是学校的办学理念、育人目标、培养途径等的体现。这绝不是一项简单的活动，而是学校日常体育教学与教育工作积淀起来的文化内涵和外延景象。

四、探寻优质资源的辐射路径

与以往相比，第四届体育文化节还有一个比较显著的特点，增加了两类人群的参与：一是军响小学全体师生参加了活动，全体家长观摩了活动；二是我校各年级家长积极参与到年级展示当中。参与人群的增加，是我校探寻优质资源辐射路径的体现。

军响学校是一所山区学校，是我校的手拉手学校。我校邀请该校参加我校的学期工作会和期末总结会，通过云平台共同观摩总校活动或我校活动，并且组织骨干教师顶岗交流，组织青年教师团日活动等丰富的路径，促进该校的发展。这些方面的交流更多作用在学校层面和教师层面，而没有让学生有一种直接的独特体验。本次体育文化节，我们邀请军响学校全体师生及家长参与我们的活动，军响小学的同学们和我校的同学们一起，进行体育特色项目的展示。这既增强了两校学生成功的体验，又发挥了区域优质资源对于山区学校的辐射作用，这也是我校作为实验二小分校的一大功能。

近两年来，我校的家校协同工作也逐渐成熟，家长不是作为旁观者来观摩学校的活动，而是作为参与者积极参与到活动之中，与学生和教师一起，共同体验活动带来的成功与快乐。调动家长的力量，协同促进教育发展，是我校探寻优质资源辐射路径的策略之一。

五、在活动中打造一体化团队

我校拥有幼儿园、本部校区和冯村校区三个校区，一校三址。如何促进三个校区，尤其是本部校区与冯村校区的协同发展？我们提出了一体化、大组制的管理思路，着力打造一体化的团队。当学校的管理理念内化为教师的思维自觉，体现出来的行动便是总部校区和冯村校区积极协商，积极合练，体现了大组制管理下年级学生的精彩。

本届体育文化节集大家的智慧，一切为了孩子，让孩子参与求体验，体验求成功，并把两年来学校体育课程改革的效果展示了出来。与前几届相比，本届体育文化节参与度更广，体现了积累经验，不断内化，越来越关注孩子的成长；管理过程中体现大爱，发挥优质资源的辐射作用，开阔了师生视野。具体而言有三大收获：每个组在组长的带领下形成了一个团结互助、无坚不摧的团队；家长在本届体育文化节中成为我们亲密的教育伙伴；孩子们精彩的展示，展现了他们的实力——我们教育的成果。

本届体育文化节既要展示学校体育课程改革的阶段性成果，更想检验与继续打造一体化的团队。活动中，体育组及一至六年级组较为充分地参与到了活动之中，英语、品科劳及音美组的教师更多作为各个年级的副班主任出现，而非作为团队出现，这是值得关注的一个现象，今后的活动中，将考虑如何发挥所有组的能动性，让活动更加精彩。

总之，我们要精心进行顶层设计，提升活动质量，提高教师的生命质量，提高学校的育人质量，只为让每一个生命都精彩。

第二节　我的冰雪奇缘

实验二小永定分校是首批区级冰雪运动特色学校，为了使同学们了解冬季运动项目，学习奥运精神，学校在五六年级开设滑雪课程，使学生在毕业前至少掌握一项冰雪技能。

滑雪前，同学们通过滑雪课程大讲堂了解滑雪运动相关知识，对雪上运动有了全新的认识。当同学们了解到我国在雪上运动所取得的辉煌成绩，及北京已获得2022年第24届冬季奥林匹克运动会举办权时，同学们的自豪感油然而生。

2017年1月11日，五、六年级开始了滑雪课程的奇妙体验。带着满满的期待，同学们来到滑雪场，在滑雪教练的带领下，领取滑雪装备：滑雪服、雪杖、雪板、滑雪镜，一切都是那么新奇、那么让人充满期待。同学们虽然很多都是第一次接触滑雪运动，但在滑雪教练的指导下，很快就把自己装备好了。换上专业装备，小家伙们个个英姿飒爽，显得格外帅气。

到了雪场，同学们异常兴奋。入冬以来，北京还没有真正下过雪，对于天生爱雪的孩子们来说，心中无比欣喜。在蓝天白雪的映衬之下，孩子们穿着颜色鲜艳的滑雪服，俨然是雪中的精灵。在教练的指导下，孩子们上雪板、学刹车，练习雪中踏步、雪中前行等。他们神情专注，认真练习，很快掌握了这些基本要领。孩子们迫不及待地想学习滑行，慢坡上，到处是孩子们练习滑行、刹车的身影，一会儿工夫就学得有模有样了。他们大胆、沉稳，心中充满自信。

此外，学校还为每一位学生布置了实践作业。让学生自己查找资料，了解滑雪知识，熟悉滑雪运动员等，从而对滑雪有全方位的认识。学生还根据自己的感受，制作手抄报，写写滑雪的全新感受，或者通过诗歌来表达自己滑雪的心情。

下面是孩子们写的几首小诗：

雪

雪，一触轻柔皎似月
白云里，亦箭亦风也

一剪梅·雪扬风中
白雪寒冬映小童
纷扬大雪，南北西东
笑语欢声入风中
谁道寒冬，难有欢声
小童嬉戏白雪中
风中驰骋，笑脸通红
伴有欢声解霜冻
我道冬寒，却有欢声

水调歌头·滑雪

皑皑天上白雪，铺为滑雪道
山上树林间，听得白龙吟
忽见一人飞下，落得稳稳当当
如梦如幻如虚
风中疾落"马"，难言痛苦情
抖细雪，肃然立，定心决
钢杖红心，终于办事成大功
扬手倚天大笑，庆幸驾驭冰雪
扬扬得意自喜
疲累虽在身，难言欣喜情

雪地事故

迎着冬日的暖阳
踏在咯吱作响的雪地上
影子已嵌入雪地
汗珠淘气地闪光
不听话的雪板
滑出优美的弧线
但那并不是我

倾斜的山坡有些令人胆寒
风的速度让人有苦难言
耳边传来呼啸的风的吼叫
我渐渐失控
刹车！刹车
脚环外转八字
最终
无济于事
摔了自己
殃及队友

掸去身上的积雪
摆一摆手
微一微笑
向着目标
重新来过

滑雪

陡峭的山坡

覆盖着洁白的雪
阳光洒满整条雪道
一派银装素裹
天地竟如此美丽
一路上
风呼啸着刮过耳边
一个没站稳
便会摔倒在地
纯洁的雪花
激情的相会
速度与激情
让你抛开一切烦恼

冰雪世界
高高的山坡
洁白的雪场
年轻的身影飞速行进
回荡在空中的欢呼与嬉笑
划破了山中的宁静
我们也全副武装
沉沉的滑雪板
拽住了我们的脚环
冰天雪地里我们尽情挥洒
年少与汗水
几次清脆的摔倒
与雪地来了个亲密接触
仰躺在斜斜的雪坡上
欢笑不已

好像在与雪精灵交谈

风依然在耳畔呼啸

但我们仍然

自由穿梭在冰雪世界中

　　从中我们不难看出，开设滑雪课程不仅是让孩子们掌握一门技能，学到一些冰雪项目知识，更让孩子锻炼了意志，培养了克服困难、超越自我的品质。

　　走过冬的美丽，踏着春的气息，我校迎来了新学期。在开学典礼上特别邀请了世界花样滑冰冠军张丹大姐姐来参加学校的开学第一课，继续"我的冰雪奇缘"。

　　张丹：花样滑冰运动员，获世界青少年大奖赛冠军，都灵冬奥会亚军。

　　作为旗手，张丹与学校国旗班同学一起，完成了实验二小永定分校新学期第一次升旗，并为师生们上了"我的冰雪奇缘"开学第一课。

　　在开学第一课上，张丹为同学们细致讲解了花样滑冰这项运动，分享了自己参加都灵冬奥会比赛难忘的经历，讲述了自己的训练故事，述说了自己对2022年冬奥会的期待。她的分享使同学们更加了解了花样滑冰项目，也使同学们感受到了坚韧不屈、勇于挑战、永不言败的运动精神。新学期伊始，张丹也寄语同学们要好好学习。同时，也要在生活中乐观坚韧，不断进取。更希望同学们可以多体验冰雪运动，爱上冰雪运动。

　　本次对话世界冠军，不仅使老师们和同学们更了解花样滑冰这项奥运项目，更从世界冠军身上感受到了奥运精神，通过这样一次难得的活动，重新理解了运动，理解了体育，感受到了体育运动带给人们身体的强健，更感受到了体育运动所能给予人们性格的坚韧、团队的合作、灵魂的健美。

　　以下是同学们的收获：

韩×：张丹姐姐和同学们一起分享她比赛的经历和训练时难忘的事。从张丹姐姐的话中，我知道了张丹姐姐在比赛和训练时受了很多的伤，甚至有的时候还会从空中摔到冰面上，但是她从未放弃过，还更加地努力，为国争光。

于××：有了坚持不懈的张丹姐姐这样的榜样，我一定会向张丹姐姐学习的。学习她那知难而进，坚韧不拔，不受挫折的影响，勇敢面对困难的精神。这次开学第一课让我受益匪浅，这也不仅是开学第一课，更是我成长中的一大步。

张××：以前我一遇到困难时，就会想放弃，或者让别人帮我做，但是听完张丹姐姐的故事，我决定要改掉这个缺点，以后我遇到困难时，我一定会向张丹姐姐一样，不放弃，要坚持不懈，因为我相信坚持总会成功的。

贾××：今年的开学第一课让我受益匪浅，听了张丹大姐姐的讲解和介绍，我相信所有人都和我一样，都是满满的敬佩。所以我们要学习他们身上的无畏精神，把体育精神很好地传承下去，为2022年冬季奥运会增添光彩，让祖国为我们骄傲。

对话世界冠军不是为了冠军的头衔，我们要从他们身上学会如何成为一名大写的"人"。张丹姐姐的故事令人动容、奋进，我们的冰雪奇缘在继续。

第三节　开展京台交流，拓宽孩子视野

为了努力达成学校的育人目标，拓宽孩子的视野，近几年我们开展了广泛而丰富的京台交流活动。不断推动两岸学校文化交流，使两岸师生增进了解，培养学生爱国统一的意识。

为了使学生能对我国台湾有更加全面的了解，学校开辟了涉台教育展陈室，其中有对于台湾地区历史、地理、人文、风土人情的介绍，摆放有丰富的涉台教育的地图、书籍、光盘、照片等，及学校开展涉台活

动的留影。我们还努力实现资源共享，将涉台教育展陈室对外开放，发挥引领和辐射作用。

如何深入推进涉台教育工作的开展？我认为最直接最有效的途径还是在课程上。课程框架构建好后，我们深挖课程资源，将涉台教育融入课程中去。在语文教学中，教师借助学习《跨越海峡的生命桥》《日月潭》的机会，使同学们明白台湾地区是中华民族大家庭不可分割的重要组成部分；品社课上，讲授《辽阔疆域》时，介绍台湾地区地理知识，强调台湾在我国版图中的位置；音乐课上，教师组织学生学唱《阿里山的姑娘》等歌曲，将自己对台湾美丽风光的向往淋漓尽致地表达出来；劳动课上，同学们一起制作中国结、民族剪纸、京剧脸谱等充满民族特色的手工制品；美术课上，同学们一起描绘台湾的美丽风光。不仅如此，舞蹈社团活动时，同学们会一起学习民族舞蹈，将民族传统文化进行传承。

学校结合学生年龄特点，增强教育活动的针对性和实效性，涉台教育开展得丰富多彩，为了把涉台教育活动开展得深入扎实出成效，我们努力从"六个一"去落实。

进行一次主题升旗仪式：每学期，学校会围绕涉台教育组织主题升旗仪式，国旗下讲话的内容围绕祖国统一展开，今年的主题定为"两岸亲，血脉情"，在国旗下，同学们聆听台湾的历史，激发了同学们的爱国热情。

开展一次主题班会：每年九月，班主任利用班会时间对学生进行主题教育，同学们自己收集资料，自主学习能力提升的同时，也将台湾知识进行传播。同学们还一同观看台湾励志电影《汪洋中的一条船》《英雄郑成功》《台湾就是这样长大的》等，全方位了解台湾。

开展一次手抄报展示活动：为了加强同学们对台湾的了解，学校还在中高年级围绕台湾开展手抄报评比活动，优秀作品还会在校园中展览。学生通过亲手制作，将对台湾的了解，对祖国早日统一的强烈愿望表达出来。

举办台湾书画作品展：书法和绘画社团的同学们通过自己的作品，寄托了自己盼望祖国统一的心情，学校将优秀作品装裱后在涉台教育展陈室中进行展览，组织全校师生分批进行参观，通过参观展览的形式使学生在潜移默化中受到爱国教育。

观看一部台湾自然风光纪录片：学校利用网络资源，下载、剪辑了一部介绍台湾自然风光的视频。利用品生、品社课时间播放视频，向学生讲授台湾问题的由来、台湾的美丽风景，宝贵资源，及两岸关系现状等涉台知识，使学生全面了解台湾。

开展一次社会大课堂活动：上学期，结合涉台教育工作，学校社会大课堂活动的地点选择了园博园。在园博园中，学生不约而同地走进了台湾馆，馆中不仅有已知的台湾知识，还有台湾特色表演、花卉、地方特产等，学生亲身体验了台湾的文化，对台湾的了解更加直观、全面。

多元化的涉台教育，都以学生喜闻乐见的方式开展活动，使涉台教育更具吸引力和感染力，提高了学生的参与兴趣和热情，增强了涉台教育的针对性和实效性。

每学年学校都会接待来自台湾的志愿服务团队，他们由台湾高中生和老师组成。2013年1月，来自台湾"中华小天使"培训营的26名高中生和教师来校交流一周时间，不仅通过红领巾电视台向全校师生全方位的介绍台湾的风土人情，而且为60名学生代表进行授课，课程内容包括趣味科学、团体游戏、心灵成长等，以活动的形式提高学生的能力。活动中，两岸学生面对面的交流，亲身体验课程上的不同，加深了彼此的认识，点点滴滴都是真实的体会。

2014年7月7日，由北京师范大学、区教委主办的"2014京台中小学校长基础教育主题报告会"也在我校举办。来自台湾地区的100余位校长及我区的小学校长参加了活动。北京和台湾地区的六位校长围绕品德教育和课程建设做精彩汇报，我以"用爱润泽适合师生发展的课程"为题，共享教育感悟。这些活动都为两岸教育工作者搭建了平台，筑起一座相互学习、相互借鉴、相互合作的桥梁。

我还受邀参加在北京师范大学召开的"海峡两岸中小学校长高峰论坛"活动，并作为代表上台参加"锵锵七人行"主题论坛，围绕"学校管理与学校文化"和专家们进行交流和分享。学校以承办"京台青少年教育研讨会"为契机，经过多方了解和努力，与台湾新北市中山小学王健旺校长签订合作意愿书，结为手拉手学校。此后，两校师生经常通过浏览双方校园网，互传照片，电子邮件等形式进行交流，加强了解，增进感情。

为了进一步与台湾手拉手学校开展实质性的互动，经过协商，中山小学向我校发来了邀请函，在市台办、区台办和区教委的大力支持下，我校赴台进行了艺术交流，期间安排了丰富的活动，我们与手拉手学校举行结盟仪式，进行才艺表演，体验日常课程；参加新北市亮点艺术园区开幕式，进行太平鼓、合唱、舞蹈、器乐等表演；参访新北市有木小学，集美小学，体验溯溪、社区服务、自然课程等。迄今，我校师生近百人三次到台湾游学。

不仅如此，为了最大化的发挥赴台交流的辐射作用，我们还组织中高年级的学生与台湾小朋友交笔友，学生将自己对台湾的认识与思考都写在信中。我们把学生的信带到台湾去，与中山小学的孩子们开展广泛的交流，返回时，我们也将台湾小朋友的信带回，与台湾小朋友交笔友的活动将持续开展下去。

一系列校内外交流活动的开展，加强了两岸少年儿童的交流，不仅拓展了学生对台湾的了解，开阔了眼界，增长了见闻，而且无形中对学生进行了爱国主义教育，增强了他们对统一祖国的责任感、使命感，对中华传统文化的认同感。

2016年9月，台湾新北市中山小学一行25人在王校长带领下到我校参访。

为了使活动丰富而有意义，我校精心设计每一个环节。9月19日下午，中山小学的客人们走进校园，学校在校门口举行了隆重的欢迎仪式，鼓号队同学精神抖擞地演奏了欢迎曲目。参访团一行在小导游的引领下参观校园，恰逢社团活动时段，参访团一行观摩了轮滑、跆拳道、古筝、书法、葫芦丝、乒乓球、篮球等社团活动。我和王校长都是乒乓球爱好者，一同挥拍以球会友。随后，两校师生在报告厅通过专题片回顾了两年的交流活动。为了使两岸小同学能有更加深入的交流，学校精心确定了十个接待家庭，在交流的三天时间里，台湾小朋友都住在学生家里，零距离感受了两岸文化。

在同学们的引领下，台湾小朋友走进班级，与同学们沟通交流。早操时段，他们又随同学们一起参与早锻炼。上课铃响了，两岸师生开启了一天的校园生活。学校为同学们精心安排了丰富多彩的课程体验，3D打印课上同学们在老师的带领下制作精美蝴蝶，同学们创意无限，立体的蝴蝶栩栩如生；京剧课上，男女生分生旦两个角色进行学习，感悟传统文化；手工课上，同学们动手制作京剧脸谱，对传统文化的认识更加深入。课程体验结束后，令人期待已久的交流演出开始了，全校师生通过网络转播同步收看。我们表演了京西非遗舞蹈太平鼓和猴戏，将民族文化发扬光大；台湾小朋友则表演了舞蹈和布袋戏，现场观众都看呆了，连呼没看过瘾。下午，参访团一行来到潭柘寺小学交流，在小导游的带领下参观潭柘寺，感悟地方文化。晚上，结束了一天的活动后，寄宿家庭的爸爸妈妈们把宝贝们接回家，丰盛的晚餐和细心的照顾，使台湾小朋友感受到家的温暖。

期间，中山小学参访团走进军响小学交流访问。双方学生进行交流演出，军响小学表演了花样跳绳和合唱《歌声与微笑》，台湾小朋友则展示了《布袋戏》和舞蹈。不仅如此，双方小同学还一同体验滚铁环和跳长绳这两项颇具特色的运动项目，同学们互帮互助，亲密接触，欢声笑语传遍整个校园。军响小学还为每一位小客人准备了手工玩具"核桃车"作为礼物，对于这个新奇的礼物，孩子们爱不释手。台湾师生一行还参观了灵水举人村，在村中老人的讲解中，边走边看，感悟举人文化。在这所绿色生态的校园中，台湾师生感受到了平时难得一见的乡村风光，体验了北京山区的特色地域文化。你牵着我，我牵着你，此次活动使两岸三所学校牵起了手，相信两岸青少年会在交流中不断加强了解，增进感情。

学生赴台交流感悟

金秋十月，是一个收获的季节，我校的30名师生，代表学校进行了为期七天的赴台艺术交流活动，在这回味无穷的七天里，虽有酸甜苦辣，却给我的内心深处留下了一生难以忘怀的美好回忆！

从去往台湾的第一秒开始，我就有了一种不一样的感受。因为我们学校这次海外游学开创了门头沟小学的先河！因此，我们就像踩在了一朵幸福的云朵上，感到无比的兴奋、激动和自豪。

抵达台湾，每一天的行程都有非同凡响的体会。第一天抵达台湾后，我们参观故宫博物院和101大楼。来到台北故宫博物院，让我眼前一亮，通过导游姐姐的讲解，我感受到了中国文化历史的悠久和博大精深。当我看到那一艘艘用橄榄核做成的小船时，让我深有感触，古代的能工巧匠们是何等的有智慧，用各种不同的材质都能雕刻出各式各样的小玩意。那橄榄核虽还不到一块手表大小，可却被能工巧匠们雕刻的十分精细，就连船上的每一扇小窗子都可以打开，船里的八个小人物各个都有着栩栩如生的姿态和惟妙惟肖的表情。

傍晚，我们来到了新北市中心参观101大楼，它是世界上的第三大高楼，大楼有509米高，这座大楼内有世界上最快的电梯，这座电梯能在37秒内到达89层楼。站在101大楼的顶层俯瞰整个新北市，宏伟壮观的景象立刻映入眼帘，一座座千奇百怪的大楼，一盏盏五颜六色闪烁的霓虹灯，给整个新北市的夜色增色不少。之后，最激动人心的时刻到了，杜校长、我和小玥三个寿星的生日晚宴开始了，这是我离开妈妈第一次跟这么多的小朋友和老师一起过生日。这是一个让我一生都会记忆犹新的生日！一个充满了感激和感动的生日！让我体会到人间真情的生日！导游戴叔叔从接待我们开始就一直在忙碌着，但是在晚上9点多了却没有忘记给我们送来了一个刻着我们"小寿星"名字的非常精致的大蛋糕。让我好感动！宋校长和张老师亲自筹备这个生日晚宴，而且宋校长亲自为我们切蛋糕。更令我感动的是：张老师为了让我们的"台湾之行"的生日更有意义，在临行之前还特别让我们的电教老师给我和安紫玥的妈妈录制了一段祝福的视频，以给我们一个意外的惊喜！真是用心良苦！也让我好感动！妈妈在视频当中不但祝福我生日快乐，并且叮嘱我感谢学校给我们创造这样的机会，带我们出去长见识，我们代表的不仅是学校，门头沟区，乃至北京市，还代表的是祖国大陆，一定好好珍惜，好好表现！出门在外一定要听老师的话，尽所能去替老师担当，注意安全！这是一个不一样的生日，是一个有着特殊意义的生日，虽然没有在妈妈的身边，却给我留下一生美好的回忆，这是学校送给我最好的生日礼物，比任何的礼物都珍贵、都重要！妈妈的视频让很多的同学留下了感动的泪水，他们知道这个祝福和叮嘱不但是送给我的，也是送给他们的。同学们说："这也是学校的生日！"场面更是让我好感动！

  第二天，我们来到了台湾中山小学，我的心情异常兴奋，因为我校要和中山小学缔结姐妹校了，这样以后我们两校就可以经常联系了。我们还在这里进行了交流展示活动，我们表演的节目是：《火红太平鼓》、合唱《京剧脸谱》和《卖水》，我还表演了独舞《巴塘乡音》、一位男同学表演了街舞。大家一个个都精神抖擞，容光焕发，表演给台湾的师生留下了深刻的印象。下午，我们来到了鹿角溪湿地，亲身体验了丰富多彩的活动，让我们对大自然有了更深的了解！

  第三天，我们进行了艺术嘉年华的展示活动，这一次的表演，比上一次表演得更精彩。新北市的市长亲自观看了我们的演出，我和跳街舞的同学还接受了记者的采访。宋校长还为我们的表演提出了非常宝贵的建议，使我们有很大收获。下午，我们参加了嘉年华的体验活动，十分有趣。

  第四天，是非常愉快的一天。上午，我们来到了内栅小学，桂校长为我们这次的到来做了充足的准备，带我们来到了一所制作乐器的工厂，看见了许多利用废弃的破铜烂铁做成的乐器，虽然它们的声音比不上真正的乐器声音优美动听，可却处处体现出了现代人的智慧。随后参观了钢琴的制作过程，学了这么多年的钢琴，这次有机会看到钢琴的制作，真是太难得了！其中一位同学还即兴为我们演奏了优美的乐曲。让我感触很深的是：平时我们不论学什么，都要认真用心，一旦有机会，我们所学的就可以展示出来，否则即使有机会也是没有用的。下午，我们去攀登了拉拉山，拉拉山里有清新的空气，潺潺的溪流，陡峭的山峰上有似士兵在站岗一样葱茏茂盛的树木，让人见了赞叹不已，虽然爬拉拉山是一个简单的活动，却需要消耗很大的体力，可大家都在互相鼓励着，导游说我们是今年第一批登拉拉山的小朋友。

  第五天，是最开心也是收获最多的一天，一大早我们就来到有木小学参加溯溪活动，虽然溪里有许多大石头、急流，活动长达5个小时，但是没有一个同学掉队，大家都互相鼓励，守望相助，跋涉过一条条急流，经历一个个艰难险阻，同学们的鼓励和呼喊声传遍了整条溪流，也落在了每个人的心间。有一个从六七米高的龙潭跳到溪流里的挑战项目，黄教练说过："自己的选择没有对错之分，不管你选择接受挑战或是不接受挑战都是自己的选择，但是我认为，接受挑战的人和不接受挑战的人感受是不一样的。"我接受了挑战，宋校长在一边悄悄地鼓励着我，我从六七米高的龙潭上跳了下去，开始虽然内心还是有些恐惧，腿有一点抖，但那只是刹那之间，成功之后的成就感马上吞没了刹那之间的恐惧。教练、老师和同学们都说我好勇敢、好棒！这次溯溪，让我真正体验到了战胜恐惧后成功的喜悦！下午我们参加了DIY制作课程，我自己动手制做了一把勺子和叉子。

第六天，我们当了集美小学一日学生，当看到集美小学摆放的一个个奖状和奖杯时，我觉得集美小学的孩子们一定都非常优秀。下午，我们上了DIY制作课程，我们都制作了恐龙笔插和翻转板。通过DIY制作课程，我明白了，做什么事都要有耐心，互相帮助。正如俗语所说，"赠人玫瑰，手留余香。"在每天的行程之后，我们还要分享和学习大家的感想及老师们、教练们给予我们的教导。

这次难忘的台湾之旅，像流水一般转眼就过去了。在这7天里，我们每个人都收获满满，有很多是我们在学校收获不到的东西，这里的自然环境和生态环境非常美好，人们都非常地热情好客、懂礼貌，虽活泼开朗但还不失稳重。这里还十分重视人文素质的培养，这里的小朋友时刻都满怀信心，落落大方、知书达理，动手能力很强。在这7天里，我小小的心灵体验到了无穷无尽的关爱、体贴，礼貌、感恩。有着太多的感谢：感谢素不相识的导游叔叔送来的大蛋糕、感谢宋校长和张老师筹备的生日晚宴、感谢妈妈的视频、感谢同学们之间的鼓励和帮扶、感谢电教张老师为我们把自己的行李落在了台湾、感谢宋校长每天随时随地的鼓励和教诲、更感谢随行的老师们为每个孩子默默无声点点滴滴的付出……太多的感谢！这次的旅程虽然结束了，但是在我们看来还没有结束，因为我们要把台湾人民美好的品质带到我们学校乃至祖国大陆来，让这美好的品质永远的流传下去！

第四节 研学旅行，伴我成长

党的十八大报告指出，要把立德树人作为教育的根本任务，全面实施素质教育，培养学生的社会责任感、创新精神和实践能力。国务院颁布的《国民旅游休闲纲要》也提出，要"逐步推行中小学生研学旅行""鼓励学校组织学生进行寓教于游的课外实践活动，健全学校旅游责任保险制度"等。我校也在尝试将研学旅行作为推进学生素质教育，提升课程品质的一个重要内容来抓。

研学旅行是融社会调查、参观访问、亲身体验、资料搜集、集体活动、同伴互助、文字总结等于一体的综合性社会实践活动,能够让学生在旅行的过程中陶冶情操、拓展视野,体验不同的自然和人文环境,加深与自然和文化的亲近感,增加对集体生活方式和社会公共道德的体验,培养学生的自理能力、创新精神和实践能力,顺应了"立德树人、实践育人"的教育发展理念。

秉承学校"爱为源,人为本"的办学理念,使每一个生命都精彩,学校在六年级开设了毕业课程。2016届毕业生将迎来学校第三个毕业课程,本届毕业生是幸运的,他们是在我校新校址完成六年学业的第一届学生,他们是与学校文化、理念、课改等多方面同成长的一代,充分体现了学校的育人成果。2016年的毕业课程,我们结合北京市课程改革要求,加强中华传统教育,提升学生的综合实践能力等方面深化毕业课程设计,加入"研学旅行"的内容,以培养孩子们的统筹能力、收集资料能力、信息加工能力、组织能力、自我管理能力等,让孩子们有成功的体验。

本次研学旅行的地点是"孔子故里·山东曲阜",带领孩子们走进孔府、孔庙、孔林等国学基地感受儒学等多种中华传统文化。

一、制定实施方案

在研学旅行前,学校多次召开讨论会,邀请学生、家长、教师参与讨论,使大家明确开展研学旅行活动的目的和意义,共同商定研学旅行的时间、地点、方式及安全要求等。成立领导小组:校长任组长,年级组长和家委会会长任副组长,学校管理干部任组员,共同审定活动实施方案及活动安全预案,并上报教委进行审批。形成活动流程:多次召开研学旅行领导小组人员会议,对实施细节进行讨论,最后形成了活动策划流程,发放调查问卷(家长、学生)—制定活动方案—研学过程策划—研学旅行实施—形成评价建议。活动细节通报:召开学生、家长、教师研学旅行专题会议，对学生研学旅行路线进行通报，提出学生研学旅行要求，应急预案通报，介绍班主任、随队教师工作职责及留校学生管理安排等。

二、活动过程组织

本次研学旅行本着自愿参与的原则，在组织过程中，我们细致的考虑了学生实际情况并做好了预案。活动费用说明：因研学旅行重在学，学习经费由学校支出，在过程中产生的食宿、交通、保险等费用由学生家庭支出。留校学生安排：本次活动为自愿参加，部分学生因多种原因未能参加，我们对留校学生进行了统筹安排，由专任教师结合本次研学旅行的主题带领学生进行校内"游学"，与在外游学的学生进行同步网络学习。召开学生、家长临行前会议：明确研学旅行并不是单纯的旅游，是专题性学习，是课堂知识的延伸。通过同行、同住、同吃、同研、同活动、同实践，增强学生自身修养和爱国意识。对出行的时间、安排、注意事项、安全预案等方面的内容进行具体说明，使学生、家长、教师明确每一个细节，保障顺利实施。在组织过程中精心、细致：在出行前，教师结合学生个性特点、生活需要、学习能力等方面指导学生分成了学习和生活小组，并由组长带领组员制定详细的活动方案，实现自我管理。教师形成管理小组，每一个时间段都确定有专人负责，责任到人，从学生的生活起居到课程学习无一处空岗。带队干部，进行责任分工，明确职责，全面组织和指导活动的顺利开展。

三、发挥家长委员会的主体作用

我校家委会工作已经取得了一定成效，本次研学旅行活动的实施方案、协议书、活动预期效果等均提交家长委员会讨论确认，家长委员会成员也随队参与活动，协助教师完成组织报名、学生管理等一系列的工作。活动过程中家长委员会成员及家长代表负责安全引导、应急处置等事务，做到了分工明晰、责任明确，既减轻了组织者的负担，又能避免家长在费用、安全等方面的误解与分歧,确保了活动的安全、高效实施。

四、活动效果评价

　　本次研学旅行,我们制定了研学手册,学生随时记录活动点滴,并在每天活动结束之后进行小组交流活动。活动结束后将活动照片、视频采集制成纪录片,将学生的研学旅行报告书、家长感言、教师总结等制成纪念册。年级组召开研学活动总结会,项目包括活动之前准备、活动过程见闻、活动之后思考、家长建议等,引导学生再次回味活动开展的过程,学校和班级内组织研学旅行报告书展评、学生摄影展览、活动演讲、旅行活动书画展评等活动,进一步获得集体生活的体验和公共道德的认知,受到文化的熏陶与情感的升华。

　　总之,研学旅行活动借助旅行的形式,达到了文化学习,拓展视野的目的,实现了增长知识、增强团队协作能力的目的,丰富对集体生活方式和社会公共道德的体验,较好地满足了学校、家长、学生的教育需求,促使教育回归本质,必将对当前教育改革起到有力的推动作用。

第五节　小学生出书了

　　小学生也可以出书吗?也许只有想不到的,没有做不到的。也许只要我们一句鼓励,可以让梦想变为现实。

　　我校是北京市涉台基地校,每年都会选派师生到台湾游学。第一年我亲自带队,每天活动结束后,我们都要在车上进行当天的活动分享。第一天交流时,一个名叫范爱然的女孩子引起了我的注意。她敏锐的观察力和出色的表达力格外引人瞩目,她的收获感言更是令人耳目一新。在此后的几次交流中,我对她的感言提出了建议并鼓励她继续努力,她也将我的话用心地记录了下来。回校后,全校针对这次赴台活动进行了为期一周的交流分享。范爱然同学将自己的感受写成了5000多字的文章。

随后在一次参加某学校活动时，我看到签到桌旁放着一摞书，便顺手拿了一本，令我吃惊的是这本书的作者竟是一名高中生。惊讶之余，细细赏读，心生许多感慨：真是舞台有多大，孩子们就能走多远呀！我突然想到高中生能写书，小学生能不能呢？或许文字量会有所欠缺，辞藻也不够精彩丰富，但尝试用现有的水平写写自己的学习生活，不也是一种很好的历练吗？

当我把"写书"的想法告诉小范时，她吃惊地说："校长，我还能写书？""你为什么不能写？"我把那本高中生写的书交给她，说"这是一本比你大几岁的姐姐写的书，你先看看。她能写，我相信你也没问题。就写自己从一年级到现在的校内外生活。"受到我的鼓励，她欣然接受了我的建议，随后我还专门安排了经验丰富的教师为她指导。

半年的时光过去了，这个还不满12周岁的小女孩将学习生活中的点滴汇集成册，一本十四万字的《小脚印》顺利出版，书中文字虽显稚嫩，但不乏精彩！

利用新学期开学典礼，学校为范爱然同学举办了新书发布会，这也是我区历史上第一位写书的小学生。一时间，范爱然成了"小名人"，许多学校请她讲写书的经历并现场签名赠书，这其中不乏城区的学校。这时我又及时找到她，嘱咐她要淡薄名利，要把每一次活动当作学习的机会。人生的白纸全凭自己的笔去描绘。每个人都用自己的经历填写人生价值的档案。而她今后的路还很长，无论她将来做什么，我相信，这一经历必将对她产生深远的影响。

鼓励爱然同学写书出书，目的是让更多的孩子在不同的方面展现自己，感受成功的体验。让更多的孩子养成爱读书的好习惯。新书

发布活动以后，许多年级纷纷为孩子们办画展，学校艺术组还专门为两位同学举办了校级的个人画展、书法展。还有几百名孩子在市级以上各类赛事活动中获奖。而这些，无不累加孩子的自信，无不体现我们的核心价值理念：让每一个生命都精彩！

作为一名校长，如何"让每一个生命都精彩"不是一句空谈！恩格斯曾经说过，"判断一个人当然不是看他的声明，而是看他的行动，不是看他自称如何如何，而是看他做些什么和实际上是怎样一个人。"只有校长的变，干部教师才能跟着变，有时仅仅提要求是做不到的，应有意识的去关注具体的孩子，让我们和孩子一起变。

第六节　雏鹰翱翔，放飞梦想

又到一年毕业季，6月27日，实验二小永定分校在区少年宫举行毕业课程汇演暨毕业典礼。

毕业典礼由"朝花夕拾、绽放精彩、诉说心语、真情传递、放心去飞"五个篇章组成。在校歌和经典诵读声中，典礼拉开了序幕，毕业班级逐一进场。学校还精心为同学们制作了纪录片，从入学第一天时的小娃娃，到成长为大气、博爱、儒雅、自信的阳光少年，一起回顾了毕业课程的实施过程及六年校园生活的点滴，在场的师生和家长流下了感动的泪水。同学们还展示了课程学习的成果，动感的英语歌舞和课本剧展现了六年来外语学习成果；自编、自导、自演、自己剪辑的微电影《匆匆那年》，则从同学们的视角缅怀了难忘的校园生活；乐器展示和体育串烧则充分展示了同学们的多才多艺；辩论会环节同学们围绕"如果甲午战争再次打响，中国是否能胜"展开激烈辩论，唇枪舌剑胜似刀光剑影，高潮迭起，掌声雷动……

为了表达对母校的感恩，同学们还亲手利用3D打印技术制作

了学校的模型，作为对母校的献礼。母校也为毕业生们准备了一份特殊的礼物——《毕业纪念册》，书中有校园生活的回忆，有同学间真诚的祝福和老师临别的叮嘱。

最后，全体毕业班师生合唱《爱从这里起航》，将典礼推向高潮，六年级毕业生们带着学校、老师和家长们的美好祝愿，带着依依不舍踏上了新的征程。

这是我校第二次举办毕业课程汇演，为了让六年级的同学在最后一年的小学生活中有特别难忘的经历，同时，为了更好实现中小衔接，我校在"育鹰"课程体系框架下，精心设计了毕业课程，包括：课程学习，主题研究，个性发展，中学体验，知家乡、爱家乡，军训体验，微电影摄制及毕业展演等几大模块。六年级的同学们，在较为丰富多彩的活动中，开拓了视野，获得了不一样的体验。

毕业课程汇报展示既是对六年级一学年毕业课程实施的一次总结，也是六年级的同学们告别母校，告别童年，告别小学生活最深情的仪式。我校课程改革可以说是走在了我区小学课程改革的前列，2014年的毕业课程汇报展示，是我区小学教育此项工作的首秀，也是独秀。2015年起，各校的毕业课程似雨后春笋，开展得如火如荼，我也对本校的毕业课程有了新的思考：首先要对毕业课程做出准确定位，是课程而非活动，课程具有系统性，目的是通过一系列的模块让学生获得深层次的收获。毕业课程的展示汇报也不仅是一次活动，而是对六年级课程学习的一次总结。同时，毕业课程展示汇报本身也是一种课程资源，让学生在其中有一次深刻的体悟。

任何一项活动的真正成功，都不单单是个人努力的结果，必须是团队智慧的体现，展示毕业课程的过程，也是打造教师团队的过程，不仅是打造六年级的教师团队，也是打造音美、品科劳等科任教师的团队。通过活动，锻炼团队相互补台，相互合作的意识。

毕业课程是我校"育鹰"课程体系的重要组成部分，是落实培养目标的重要载体；毕业课程展示汇报活动，既是对六年级一学年来毕业课程的总结，更是想给学生留下小学生活中珍贵而美好的回忆，是对学校各方面工作的一个展示，也是对学生六年来成长历程的一次展示。本次毕业课程展示，基本上实现了上述预期目的，并且在这一过程中打造了教师团队。

"今日雏鹰初展翅，明朝长空竞翱翔！"祝愿我们的孩子雏鹰翱翔，放飞梦想。

学生感言：

六（3）李×：我太喜欢这次活动了，在毕业典礼中我参加了体育社团展示、英语舞蹈展示和集体展示，我的爸爸妈妈观看了我的演出，都流下了眼泪，我从没看过他们流泪，我觉得我是他们的骄傲。

六（2）张×：这次毕业典礼我想我会终生难忘的，我是微电影的编剧，在微电影拍摄过程中，我们争执过、迷茫过、不知所措过，但我们都克服了这些困难，掌握了很多技能，更重要的是我懂得了：如果想要做成某件事必须去思考、钻研、策划和团队团结合作，这些经验的获得会有利于今后的成长。

六（1）郭×：看完了毕业典礼，我只想说：母校，我爱你！母校送给我们毕业纪念册、毕业礼物和最后的大Party，我们太幸福了。我想我只能用将来的努力学习来回报母校，我一定会成为母校的骄傲。

家长感言：

六（2）马××家长：

昨天的典礼非常成功，孩子们的才艺表演充分体现了学校快乐教育的成功。小品，现代舞，花样篮球，军训表演等，这说明我们的孩子在学习文化之余，在其他方面也收获颇丰。同时我也很自豪我的孩子在典礼上的表现，那部由我的儿子主演的微型小电影，他惟妙惟肖的表演，从容不迫的神情，他的一笑一颦，让我再一次重新认识了他，看过之后我的眼泪再也忍不住了。儿子太棒了，儿子能有这么好的成绩，我非常知足。特别是儿子的那句富有哲理的电影感言，使我深深地意识到儿子长大了，有自己的思想，也非常有头脑。现在，我可以自豪地说：我们当初为孩子选择实验二小永定分校是正确的，我们的孩子在小学阶段的学习是成功的！

六（1）李××家长：

我们由于平时工作等原因忽视了孩子们的特长，而学校却发现了这些孩子的特长并给了他们机会，在这里我要感谢学校，感谢学校的发掘。

孩子们还在老师的指导下，完成了一个催人泪下的纪录片，一部有趣的微电影。这个纪录片让我看到了孩子们在学校上课的样子，读书的样子，写字的样子；让我看到了孩子们军训时的努力，坚持与风采，在这里我要感谢老师的教导。

六（2）何××家长：

6月28日，正值初夏季节，我怀着激动的心情参加了此次别开生面的小学毕业典礼，我觉得此次毕业典礼十分成功，不管是节目编排还是情节设计都非常合理，深入人心，其中有多个阶段使我流下感动的泪水，为我的孩子茁壮成长而感动，为孩子能受到这样优质的教育感到欣慰。

我的孩子在北京实验二小永定分校的这几年里，老师作为辛勤的园丁尽职尽责，为我的孩子付出太多太多，在此我在这里真诚地说一句：老师，您辛苦了！谢谢您！

六（1）郭×家长：

这是我生平第一次参加这样的毕业典礼，当我拿到邀请函的时候，我就想这点孩子能有什么新鲜的。在我想象中就是少先队员和领导讲话老一套！可这回出乎我的意料，华丽的舞台，绚丽的灯光，多彩的背景，还有高雅的服装，萌萌的主持人……眼泪自始至终充盈着我的眼眶。丰富多彩的文艺节目，多才多艺的"小演员"很难和这些才上六年级的孩子联系到一块。我为孩子能成为这所学校的学生感到无比的自豪。他们从一个稚嫩淘气的小捣蛋已经成长为了一个羽翼丰满即将翱翔的小鹰。我想对孩子说，加油努力，海阔凭鱼跃，天高任鸟飞，去探索吧！在知识的海洋里畅游。

六（3）　王××家长：

在这次毕业课程展示中，让我们看到孩子们的才艺展示，孩子们唱的、说的、跳的都很棒。这与老师的辛勤付出是分不开的，小帅同学在这次短片制作中担任后期制作，这使他增长了许多见识，同时也增多许多知识。在此，我郑重地说一声：你们辛苦了。

第三篇　夯实办学理念，蓄积学校文化

"文化"，对于我们来说，似乎是一个既熟悉、又陌生的概念。说它熟悉，是因为在我们生活的圈子里文化无处不在：饮食文化、服饰文化、旅游文化、娱乐文化、建筑文化、传统文化、本土文化、物质文化、非物质文化……眼睛看到的，耳朵听到的，嘴巴尝到的，身上穿戴的，几乎都是文化；说它陌生，是因为究竟什么是文化，似乎又很难用一两句话说清楚。尤其对于什么是学校文化，怎样的学校才有学校文化，时时缠绕在我的脑海里。

"文化"，就其前人概括的定义为：文化是人类在社会历史发展过程中所创造的物质财富和精神财富的总和。我理解为，它应是长期形成的稳固的物质载体和精神影响。它应包含内在理念，外在的物化表现，而且是稳定的，有特色的，并具有相当知名度和影响力。有特质、有特色，是文化，但仅就一项不同于其他学校的成功活动，就称其为特色校，恐有不妥。值得强调的是长期的、稳定的、有知名度、有影响力，才能叫特色、叫文化。例如，提起中国的长城、北京的天安门，无论中国人，还是外国人，都知道那是中国的，代表着中国文化，代表着中国的建筑文化。再比如，提起北大、清华，谁都知道它们是中国的名牌大学,是中国学校文化的代表,是中国人文教育和理工教育文化的符号。

随着校长经历的不断延伸,我对学校文化的思考也在不断加深。学校是一个传播灵魂、培植精神、酿造文明的加工厂,本身就占据在文化之列,建设好学校文化、打造出学校文化,也是我们所追求的最高办学境界。然而,是不是随着办学条件的不断改善,校园内、楼宇内、教室内装饰得越来越美化,就算有了学校文化?成功地开展几项大活动,产生了一定影响,赢得一些好评,就算有了学校文化?概念不清,就会造成思想的混乱、行为的误导,势必影响到办学质量的模糊和办学目标的实现。

每个学校的校长,都想把自己的学校办成好校、名校,也知道有文化才可成其为名校。但特色、文化不是叫出来的,也不是写出来的,不能一蹴而就,而是在清晰理念引领下,长期扎实行为实践中积淀而成的,也是我正在学习、探索,继续实践的办学目标和办学境界。

第一章 积淀学校文化，润泽生命成长

第一节 对学校文化的认识

文化是一所学校的发展之魂，学校文化的建设与实践彰显着一个学校真正的生命力，因此我们要正确地认识学校文化。

在基础教育改革不断深入和发展的今天，学校的生存和发展越来越受到广泛的关注，社会对学校的需求已经不仅止于"规范"，而是转向了"优质"。经济社会的发展为教育发展和学校发展提供了越来越优质的环境和条件，相当一部分学校已经完成了硬件设施的主要建设任务，有条件，更有需要从硬件建设转向软件建设，从外延发展转向内涵发展。学校发展的研究和实践表明，学校文化与学校内涵式发展之间存在着显著的正相关，一所学校真正意义上的发展必然离不开理想的文化建设，"教育作为一个文化化人的过程，如果离开了学校文化的支持，那么学校的健康有序发展几乎是不可能的。"可以说，优秀的学校文化孕育了优秀的学校教育，文化是立校之本，只有实现学校文化的内涵发展，才能抓住学校发展的生命线。

学校文化虽说属于学校组织的软件部分，却处于核心和灵魂的地位，是办学特色的重要体现。优秀的学校文化不仅对学校成员具有约束力，而且具有导向和激励作用，使人们形成共同的价值观和行为模式，使组织成员紧密地凝结在一起。正如美国学者欧文斯说："该文化对界定教师对任务的奉献起了很大的作用，它激发了教师完成组织任务的活力、对组织的忠诚和奉献精神，它代表着对组织和组织理想的感情依附。这些不仅激发了教师遵守组织中制约他们行为的制度和规范的意愿，而且也促使他们把组织理想作为实现个人价值，从而为实现组织的预期目标而精神饱满地工作。"由此可见，学校文化建设是促进学校效能提升的关键。

为进一步探究学校文化的内涵式建设，我对学校文化建设方面的文献进行了梳理，对诸多学校文化发展的实践路径进行了总结。

"学校文化"一词起初是在由一位美国研究学家沃勒（Waller）1932年编写的《教育社会学》（*Sociology of Teaching*）出现，该学者说道："学校文化主要是由两部分组成：青春时尚活力的文化和传统不失魅力的文化。"这两部分相辅相成，相互交融，一方面既符合了广大学生的种种惯例要求、价值理念和心理、生理活动；另一方面又符合诸如家长、老师和校领导们各种要求，符合社会主流倡导的行为规范、价值理念和心理活动，是"校园内形成的特殊文化"。

苏霍姆林斯基（Suhomlinski）在校园文化建设方面尤其重视学校师生两大群体的相互配合，他本人通过对群体和个体之间相互关系的研究，结合这两大群体的个性特征，建立了一整套校园内如何学习群体观念的规范准则。另外，他还将四个敬仰作为塑造学校文化的标准，即对国家、对个人、对科学知识、对语言文化的敬仰，他认为这是一种从心理学出发对学校进行控制并成为校园文化核心的方法。

著名学者罗森霍尔兹（Rosenholtz）进行多次实践总结出的结论是：建立一种崇尚公开自由（openness）和相互配合（cooperation）的学校文化不仅可以提升教学水平而且还有助于教育机构的健康发展。另外，富兰（Fiillan）也对此结论表示认同。

在我国，学校文化最初是作为校园文化提出来的。伴随着20世纪80年代开始的文化热，校园文化作为一门社会科学进行研究，并在理论上给以深层次的探讨，在实践中加以有效的利用。校园文化作为一个"概念"第一次提出来，起源于高校。上海交通大学学生在1986年4月举行的第12届学代会上，为竞选学生会主席，提出了推进校园文化建设的倡议。随后华东师范大学、上海交通大学、复旦大学等高等院校先后举办了"校园文化建设项目""文化艺术节""校园文化建设月"等活动，引起了共鸣。"学校文化"的出现适应了当时社会发展的形势。

我国教育界有以传统校园文化观点进行的研究，如葛金国的《校园文化导论》、王邦虎的《校园文化论》。随着时代的发展，校园文化逐步向学校文化转变。郑金洲在《教育文化学》中，从组织学、文化学入手，探讨学校文化及学校亚文化；范国睿在《学校管理的理论与实务》中，从组织文化的角度，探讨学校组织文化；俞国良在《学校文化新论》中，认为要从心理学和组织氛围的角度，研究学校文化。这些论述出现了与国际趋势相一致的地方，即开始认识到学校文化是学校的灵魂，是学校发展的动力和源泉。

随着课程改革的实施与推进，学校文化研究掀起了新一轮的热潮。课程改革背景下的学校文化重建成为热点中的热点。除了理论层面的研究外，各中小学也在实践发展中探寻、建设与总结着各自的学校文化发展脉络。以北京地区为例，北京第二实验小学用心诠释着"形象、学习、合作"的教师文化，史家小学努力构建着"和谐育人"的观念文化，府学胡同小学致力于打造"学府式府学"的课程文化……百花齐放，万紫千红的学校文化形态，证实着学校对这一命题的思考，反映着一线对这一命题的践行。

学校文化是一所学校在长期的教育实践过程中积淀、演化和创造出来的，并为其成员所认同和遵循的价值观念体系、行为规范准则和物化环境风貌的一种整合和结晶。学校文化有广义和狭义之分，广义的学校文化包括观念文化、规范文化、物质文化三部分。狭义的学校文化单指规范文化。这里想主要对广义的学校文化做一个说明。

观念文化也叫精神文化，包括办学指导思想、教育观、道德观、思维方式、校风、行为习惯。即我校的办学理念、办学愿景、育人目标，实际上都是我校文化的重要组成部分。观念文化是学校文化的核心内容，是学校文化的最高层次，被称为"学校精神"，主要体现在"办学宗旨""一训三风"（校训、校风、教风、学风）和"人际关系"上，是提炼学校办学方略、发展目标等学校理念的重要因素。

规范文化也叫制度文化，包括组织形式、规章制度、角色规范。制度文化是学校文化的保障工程，是对学校行为进行统一规范的动态识别系统。它以学校理念为基本出发点，对内规范学校行为、完善规章制度；对外进行宣传、交流活动等。

物质文化是学校文化空间的物质形态形式，包括学校环境文化和设施文化。学校的一砖一瓦、一草一木都不是独立存在的，都被赋予教育的意义，彰显着一所学校的独立存在。物质文化是学校文化的基础工程，是学校文化中最主要的"硬件"部分，是营造学校文化氛围最外显的一项重要工程。完善的设施、合理的布局、各具特色的建筑装饰与活动场所，能陶冶师生情操，塑造完美人格，激发校园师生开拓进取精神，约束校园不良风气和行为，促进师生身心健康发展。

可见，学校文化在学校发展中处于引领与导航的重要地位，对学校文化观念上的认识决定了学校文化内涵式建设的根本方向。

北京第二实验小学永定分校自牵手名校以来，经过10年的不懈努力，在办学品质、办学规模等方面都实现了跨越式发展，正在朝向"打造北京市小学教育窗口校"的目标全力迈进。然而，在教育资源竞争日益激烈的今天，学校的发展如逆水行舟，不进则退，借助学校文化的力量来引领学校的发展，成为越来越多学校的共识。这一背景下，优秀学校文化对师生价值观的长远影响是学校最好的宣传口碑，学校文化的内涵式构建与发展无疑成为学校在如此激烈竞争环境下新的出发点。

学校文化建设最理想的途径便是，文化经由历史的积淀，在学校发展的轨迹上熠熠生辉，浸润着学校的方方面面，引航着学校的发展。在这一过程中，学校文化已于无形中，于无声处，内化为每一名成员的思维品质与行动自觉，甚至可以说成为每一名成员的职业价值观。

我结合对学校文化的认识，重释学校文化的内涵，并在核心概念的引导下，依循历史传承、顶层设计、地域特点三大路径，梳理学校文化发展与演变脉络，构建学校观念文化体系，探索学校文化真正意义上的内涵式发展，从"文化育人，润泽生命"的高度，重建师生的精神家园。

第二节　文化育人，润泽生命

北京第二实验小学永定分校始建于1908年，初为私塾，经历民国至今，校名几经变更，"宛平县六区第四国民小学""石门营中心小学""门头沟区永定中心小学"这一个个名字，共同记录着这座村小走过的百年历史。2006年，学校与北京第二实验小学牵手，成为北京第二实验小学永定分校。2010年迁入新校区，学校硬件设施齐全，环境优美，文化气息浓厚。结合北京第二实验小学"以爱育爱"的办学理念及学校"让每一个生命都精彩"的核心价值观，学校提出了"以爱为源，以人为本"的办学理念，明确了将学校办成"求知进取的学园、健康和谐的乐园、美丽雅致的花园、温馨友爱的家园"的"四园"办学目标，坚持"勤奋、创新、文明、健美"的校训，构建了环境文化、管理文化、教师文化、学生文化、家长文化、课程文化、课堂文化七大文化。

一、学校七大文化的建构路径

学校七大文化的构建，依循了历史传承、顶层设计、地域特点三条路径，三条路径的交融，孕育了学校文化的诞生。

（一）循迹历史——学校百年发展历史中缄默的文化传承

时光如梭，岁月不居。转眼间，北京第二实验小学永定分校已在历史的长河中跨越了百年。一所起源于私塾的村小校址几度变迁，校名几度更换，学校的领导和教师，也是长江后浪推前浪，几代换新颜，然而，目光定格于今日的永小人身上，仍可见一所村小的红烛品质、桃李情怀，百年间的生机勃勃、不息流转。对教育最质朴的情怀，最原生态的理解——爱，师爱，爱生，及对于一所学校发展最基本的态度——守正出新，作为一种缄默的、朴素的文化代代相传，支撑着这个学校延续了一个世纪，发展了百年。

（二）顶层设计——实验二小总校文化引领下顶层的蓝图勾画

2006年，走过了近百年的成长历史，学校迎来了跨越式发展的春天。学校成为北京第二实验小学永定分校后，在总校核心价值观和先进教育理念的导引下，结合学校百年发展过程中的实践经验，学校实现了办学理念、育人目标、学校文化方面的顶层设计。

(三) 因地制宜——区域教育框架内浓郁的地方特色

百年来，学校根植于门头沟，服务于门头沟。而今，学校作为门头沟区办学规模最大的一所小学，"让每一个生命都精彩""为孩子的三十岁负责""将学校办成北京市小学教育的窗口校"成为新的导航与追求。质朴而执着的教育追求，要深刻的落实于学校文化建设的践行之中。

二、学校七大文化的思想内涵

在"让每一个生命都精彩"学校文化核心价值观引领下，我校明确了七大文化的思想内涵。

(一) 亮丽、精致、育人、适宜的环境文化

学校应该是孩子最向往的地方，应该是教师最温馨的家。环境文化建设就是为师生营造一个和谐的、愉悦的学习，工作环境。同时"让环境说话"，发挥其独特的育人功能。

亮丽：环境文化之形。赏心悦目、充满生机的文化环境，是促使师生形成健康向上心理氛围的重要条件，是激励师生爱校、敬业、乐业、爱生活的情感源泉，极大地增强师生对学校的向心力、内聚力、荣誉感。精致：环境文化之质。细节决定成败，校园建设的每个角落、每个细节都容不得半点马虎，都要以认真负责的态度加以关注。和谐的校园背后，离不开全体教职员工精益求精的工作方式和工作精神，这是高品位、高质量建设的基本保障。育人：环境文化之魂。环境是学生的第三位教师，校内外处处营造着文化的氛围，对学生的身心发展具有积极的促进作用。适宜：环境文化之本。不追求高大上的华丽外表，要结合地域的特点，与自然和谐共生。美丽、雅致的校园环境和师生文明的言行、高雅的举止、快乐的心情，一起和谐地荡漾在校园的每个角落。

(二) 规范、责任、高效、民主的管理文化

学校重视干部的思想作风和组织建设，以"敬业、求细、善思、主动"八字要求抓好干部建设，提高干部管理能力和水平，全面提升干部素质，努力形成规范、责任、高效、民主的管理文化。倡导"改变即创新，研究即工作、问题即课题"的管理理念，追求管理质量与高效。

规范：规范是办好一所学校，实现学校快速发展的前提和基础。要贯彻国家的教育方针、法规，学校的各项规章制度、管理办法及方案，做到依法治校。依法治校是前提，制度建设是保障，公平公正是关键，落实到位是目的。责任：恪尽职守、明确职责，工作不推诿、积极主动，甘于奉献、对所管理的工作要敢于担当。高效：合理管理、利用好时间，工作实效高、快捷；做事干净利落，有布置，有检查，有反馈，有总结；要讲究方法，及时讲、及时做、及时反思。民主：要善于倾听，采纳积极的民意，不独断专行。

学校管理的透明度不断增强，规范每月的行政会及每周的例会制度。开通校园网，将辖区内所有学校的活动及各类会议精神及时通报，体现了学校工作的公开透明，并开通了书记、校长邮箱，倾听教职工的声音。以绩效工资改革为契机，制定了《校级骨干评定细则》，采取动态管理，每年评一次。制定了《各类人员的考核细则》，体现了工作效益及工作质量。制定并完善了《考勤制度》《奖惩制度》《职称评定考核细则》，依靠教职工代表大会先后通过了《岗位设置管理工作实施方案》《校级绩效工资实施方案》《教职工绩效工作实施办法》《绩效工资学年分配方案》。集中民智，倾听民声，采纳民意，不断完善、修改，不折不扣落实，不但积极稳妥地推进了人事制度改革，同时，也使这些制度为学校的发展发挥了保驾护航的作用。

干部日常管理的考核与监督予以加强，引导干部把精力放在提升教育教学质量上来，每位干部深入一个教研组，有效地指导教研组活动。通过检查干部工作日志、学习笔记，听取工作汇报，下校考核检查等不同形式进行。关注干部心智成长，创造条件加强培训。组织外出考察交

流，定期到"总校"进行学习，利用工作例会进行管理文化论谈、月工作汇报、专题工作汇报、反思交流等。探索扁平式管理方式，发挥教研组长和年级组长的作用，让他们直接参与行政会、每学期的管理研讨会，并轮流做典型发言，很多工作直接由教研组长和年级组长决定并协调解决。

(三) 阳光、智慧、美丽、合作的教师文化

学校以"朝气蓬勃的精神面貌、敬业进取的工作态度、谦逊谨慎的处事风格、和谐互助的同事关系"36字原则要求每一位教师，打造"阳光、智慧、美丽、合作"的教师文化。

阳光：教师快乐地工作着。对生活充满热爱，具有朝气蓬勃的精神面貌；对工作积极主动，具有乐于奉献的精神，对他人心怀感恩，具有宽广博大的胸怀。智慧：高效地工作着。善于学习、苦练内功、修炼提高自身素质；睿智进取、追求高效，用发展的眼光看待问题；追求生命价值与职业价值的统一。美丽：自信地工作着。包括外表的美丽、举止和行为的美丽、情趣和心灵的美丽，美丽中有份健康、有份智慧、有份创造，美丽中蕴含着"爱"——对事业、对生命、对自己的爱。合作：幸福地工作着。知己知彼、诚恳大方，善于与他人交流、沟通、分享；懂得付出、快乐工作，营造和谐氛围。

教师们严格执行学校新制定的师德规范和十五条礼仪，树立教师中的优秀典型。每学期学生评选"我喜欢的学科"，学期末在教师、学生、家长的共同评议下，选出师德先进。学校不断完善《绩效工资实施方案》和《奖惩制度》，加强平时的积累，学期末对各部门、各类考核优秀的教职工进行表彰，设立了"精雕科技"优秀教师专项奖，每年教师节重点表彰。

启动教师培养的"翔云计划"。计划一方面基于全体教师的发展（各种培训、研讨、考察等），另一方面又兼顾了不同梯次教师的个性发展。通过适合教师的多途径的校本研修，教师的视野逐渐开阔，研究底蕴逐渐厚实，呈现出温文儒雅的气质。发挥骨干教师引领作用，市、

区、校级骨干教师在"立好题、讲好课、带好徒、写好文"的要求下，积极主动开展专题研究。借助北京实验二小优质资源，采取互派教师、参加并观摩各类教学活动、师徒结对等形式全面提升教师的素质。

加强老师团队建设是学校近年来主要的举措。各项工作、活动的开展都以团队的形式进行，而不是教师个人的单打独斗，让教师在集体中感悟团队的温暖，在合作中不断成长，每学期末的"和谐团队奖"评选成为学校的一道靓丽的风景。

(四)大气、博爱、儒雅、自信的学生文化

大气——对人、对事、对己：对人宽容，善于发现别人的优点和长处；遇事淡定冷静，勇于担当；对己豁达，充满信心，持之以恒。博爱——爱自己、爱同学、爱师长、爱自然：懂得生命的宝贵，掌握基本的自护自救方法；尊重、关爱同学，真诚待人，信守诺言；见到老师主动行礼，接受老师的帮助和教育；体谅父母的辛苦，关心父母的健康；保护环境，不随地扔垃圾，爱护公物，勤俭节约。儒雅——内在修养、外在表现：有浓厚的学习兴趣，适合的学习方法，学会倾听，独立思考，有良好的阅读习惯；乐观积极向上，爱好广泛，谦虚诚恳，热情大方，彬彬有礼，遵守规则，右行礼让。自信——态度、行为：发自内心的自我肯定和相信，积极面对困难与挫折，自己的事情自己做；有独立的见解，待人接物落落大方，善于和他人沟通，知错就改。

学校每学期开展增加一个好习惯活动，将培养措施中的10个好习惯逐年推进，如：上学期增加的好习惯是"懂得节约"，学校确立各月节约重点——9月"三不带"（不带零钱、不带零食、不带玩具进校园）、10月节约水电、11月节约粮食、12月节约用纸、1月、2月合理利用压岁钱，各个年级按照学校整体部署，通过多种形式的活动层层推进，开展了"我承诺""名言警句诵读""金点子征集""寻找身边的榜样""主题班会""节能小制作"等活动，通过各项活动的开展，同学们的节能意识加强了，浪费现象减少了，"节约"的习惯养成了。

每学年学校都会为学生提供展示的平台，开展丰富多彩、各具特色的活动，体育文化节、科技节、艺术节、英语节、读书节等，激发调动学生展示自我的积极性。鼓励支持学生参加市区乃至全国的各类活动，孩子们在参与中体验成功的快乐与喜悦，在参与中不断累加自信。在这一理念指导下，每年都有近千人次在市区及全国各类活动中获奖。

为更好地发挥多元评价的导向和反馈功能，通过评价提高学生自我发展能力，学校各年级实施多元评价，以多元课程、多彩活动为载体，丰富评价内容。各年级教师通过荣誉册、评比栏、成长树多种途径进行过程性评价，全方位关注学生成长，及时将学生奖励情况以喜报、奖状等形式通知家长，学生在评价中自信成长。

(五) 责任、尊重、合作、成长的家长文化

学校在家校合作过程中，充分发挥学校和家庭的各自优势，用家庭教育的优势来弥补学校教育的不足，用学校教育的优势来指导家庭教育，使家长充分发挥教育伙伴的作用。明确责任是前提，尊重是基础，合作是途径，成长是目的。

责任：明确家庭教育的责任。让孩子健康成长、快乐生活，是学校教师和家长的共同愿望。明确学校和家庭各自的责任和义务，才能有效促进学生发展。因此，家长有责任投入时间、精力来共同关注孩子的成长发展。老师和家长要明确分工，加强合作，较大程度地发挥教育的合力。尊重：尊重是合作的前提，教师与家长之间要相互尊重，保持一种诚恳、相互理解的态度，在沟通时要虚心听取对方的意见，教师要指导家长有效合作，家长要主动参与到班级管理中来。教师、家长与孩子之间更要相互尊重，教师要尊重孩子的差异，因材施教；家长要尊重孩子的兴趣爱好、成长规律，提供幸福的成长环境；孩子在老师、家长的共同教育下懂得自尊、自爱、友爱同学、尊敬师长。合作：家长成为学校的合作伙伴。在教育孩子的问题上是平等协作的关系，家校合作是双向活动，家长和老师要相互了解、相互配合、相互支持，家长是学校宝贵的教育资源，要参与到学校的日常教育教学工作中，参与管理、参与监督，使学校在教育学生时能得到更多的来自家庭方面的支持，家长在教

育子女的问题上学校会提更多的指导,双方成为亲密的合作伙伴。成长:学校、家长、孩子共同成长。让合作互动的家校教育共同体成为推动学校发展,促进家长和师生成长的一支重要教育力量,信任、沟通、合作,成为我校家庭教育与学校教育互动、互补的不竭动力和源泉。

在学校层面,通过全校家长会、家长开放日、家长培训、调查问卷等形式让家长走进学校、了解学校,在校园网开辟了"家校互动"专栏,家长可以随时登录校园网关注学校动态,提出宝贵意见,我们也会将一些好文章、育儿建议、每周食谱、家长通知挂在此栏目中。

年级组层面,班主任通过多种形式与家长交流,一年级通过"每周家话"与家长进行密切交流,二年级以记事本的形式拉近与家长的距离,其他年级通过家校互动平台及时与家长沟通,形成合力育人,不同形式的家校互动活动,拉近了家校的距离,为学生创设了良好的成长空间。

在体育文化节、艺术节及各类活动中,家委会充分发挥作用。在活动筹备中积极组织购买服装道具等,活动中积极参与表演,活动结束后通过互动平台提出宝贵建议,学生、教师、家长在活动中共同成长。

(六)多元、自主、开放、未来的课程文化

学校的"育鹰"课程体系设置多元,学生选择自主,课程体系开放,根据对未来人的培养需求,设置课程目标、课程体系、评价方法,促学生的可持续发展。

多元:没有选择就没有教育,我们在课程设置上追求多元,为每个学生提供学习过程中更大的空间选择和内容选择,体现教学内容的多元性和选择性,改变学生的学习方式,提升学生的综合素质。当然,这个多元也一定是学校办学理念、办学目标、培养目标之下的多元,否则就会形成"多张皮"的现象。自主:课程的设置符合学生的年龄特点,饶有兴趣,让学生乐学;课程设置多个门类,让学生有自主选择的余地;针对能力弱一点的学生可以开设一些能够提升自身能力的课程;课堂上教师把学习的自主权交给学生,让学生由"要我学",变成"我要学",

把教给学生知识，变成教给学生自主获取知识的方法，把教师点名发言，变成学生踊跃自主发言，把教师告诉学生答案，变成学生自主探究知识。开放：课程体系的开放——影视节目、录音、录像、网络等音像资源，博物馆、教育基地、图书馆、纪念馆、各种社会组织和政府机构等都是可以利用的资源，学校的课程随时向家长、教师、各地方教育同仁随时开放；课程设置的开放——每学年末，学校都要进行课程建设的总结，在征求学生、家长、教师的建议下，都要进行课程设置的完善。以满足家长、学生不断提升的多元化需求；教学设计的开放——从问题的提出，到问题的解决都要给孩子开放的空间，教师就是把握开放度的智者，调控好何时放，何时收；课业的开放——针对不同层次学生设置分层作业、常规作业、短期作业、长作业等。未来：学校设置课程门类、内容、评价指向未来，有时代气息。根据国家社会发展对未来社会建设者的需求，设置课程目标、课程体系、评价方法，促使学生具备可持续发展的学习能力。

（七）生本、对话、求真、累加的课堂文化

课堂是学生获得全面发展的最主要、最直接、最适宜的场所，文化充盈于课堂之内，渗透于师生之间，是课堂的重要养分。课堂上以学生为根本，教学活动不仅是行动的参与，也是思维的碰撞。学生要表达出真实想法，教学的效果以正确的教学方向为基础，在时间累积的基础上逐渐显现出来的。

生本：教为学服务，以学论教，要求课堂上以学生为根本，教学活动要紧紧围绕"学生主体参与"进行，教师要"勇敢地退下去，适时地站出来"。教师一切的教育教学行为应关注学生全人发展、终身发展的需求，切实做到"为孩子的明天而教"。教师在备课时首先要进行学情分析设计教法和学法。在课堂上调动孩子的积极性，每个孩子都不同，因此不刻意追求统一的"标准答案"。对话：课堂教学是有生命的活动，不仅是行动的参与，也是思维的碰撞。因此，有效的课堂教学离不开互动和交流，"课中研讨"成为教学的主体，对话成为特色。这里所说的"对话"包括学生与学生的对话、学生与教师的对话、学生与教材的对话、学生与环境的对话。在生生交流中，首先，要敢于大胆质疑，发表自己的不同意见，形成互辩的回合，展现出学生探究的过程。求真：教学首先应是科学求真的过程，这就要求教师具有扎实的基本功，理解、把握"三维目标"要科学、严谨；其次，课堂教学的状态应是真实的、自然舒服的，教师带着真情实感去教，学生表达真实想法，在真情的碰撞中激发、生成新的智慧；再次，就是探究精神，因此，教师要通过引导学生不断生成问题，解决问题，培养学生执着追求的探索精神。累加：教学的效果以正确的教学方向为基础，在时间累积的基础上逐渐显现出来，因此，学校强调"累加效应"。一方面，可以摆脱"做课"与"完美"的心理枷锁，而以轻松、真实的心态面对课堂、形成合理期望；同时有助于教师站位高，以整体架构的思想与教材对话，将学科知识由"点"到"链"再到"网"，跨单元、跨年级，甚至跨学科，形成整体把握，而非铁路警察各管一段，割裂地进行教学。另一方面，需要教师了解"昨天"，把握"今天"，面向"明天"。对学生的培养呈不断超越、持续发展之状态。

我校每节课坚持学生的"精彩两分钟"，创造展示机会。深化课堂习惯与能力培养，加强学生倾听、表达、合作、质疑能力的培养，学生通过不同的举手方式表达不同的诉求，生生之间面对面交流、质疑、争论等培养学生表达、沟通、交流能力。

三、学校文化建设的发展愿景

学校文化的建构与作用的发挥绝非一蹴而就，只有当其剥离了制度层面，深入一所学校的骨髓，才能真正意义上实现文化立校、文化育人，在这条道路上，毫无疑问，我们要在继承中求发展，在守正中求创新。

(一) 文化立人——将学校文化内化为教职工的职业品质

我校学校文化的系统建设，形成于与名校牵手之后，体系完善，架构清晰，但形成与实践时间较短，更多停留于制度文化、规范文化层面。如何将制度文化、规范文化转化为学校的观念文化、精神文化，是学校在文化建设过程中将要长期思考、探索和实践的课题。学校文化建设最理想的途径便是有历史的积淀，在学校发展的轨迹上熠熠生辉，浸润着学校的方方面面，引航着学校的发展。在这一过程中，学校文化已于无形中，于无声处，内化为每一名成员的思维品质与行动自觉，甚至可以说成了每一位成员的职业价值观。

(二) 文化立行——努力创设文化品牌，发挥示范引领作用

学校文化在纵深发展的同时，还应追求品牌效应。有道是"父母赋之以姓名，自身创造品牌"，要在品牌文化的建设中，发挥学校文化的示范引领作用，通过品牌文化带动学校文化的百花齐放，全面发展，通过品牌文化推动学校各方面工作的实施。

(三) 文化立校——促进学校文化内涵式发展，真正实现文化育人

优秀的学校文化孕育了优秀的学校教育，文化是立校之本，只有实现学校文化的内涵发展，才能抓住学校发展的生命线。因此，在学校文化建设与实践中，要重视学校文化的内涵式发展，真正实现文化育人。

文化育人，润泽生命。学校文化的建设最终目标是影响每一个孩子的生命质量和生命发展，我们用充满爱的管理，深藏爱的课程，饱含爱的课堂，滋养学生的生命，最终实现让每一个孩子都享受适合自己发展的教育。以师生发展为本，用爱润泽适合师生发展的教育，是我们的目标。在不断探索、实践、反思、提升的过程中，我们始终行走在路上。

第三节　我们的环境

我校校园文化的设计既秉承北京第二实验小学文化特点，又传承

我区本土的永定河文化，本地区的非物质文化遗产。优势互补、特色鲜明，在视觉上体现出厚重、人文之美，又具备时尚简约的气息。

从学校正门走进，校园东侧映入眼帘的便是"名人雕塑园"，让人肃然起敬。"雨水收集水系适宜装置"成了学校亮丽的风景，孩子们的集体照经常以此为背景，重要的是孩子们在学到知识的同时感悟着环保和资源再利用的重要性。还有"劝学园"，增加了校园的文化氛围。坐落在楼宇之间的"崇德亭""善学亭"成为孩子们读书交流小憩的场所。"书山"雕塑别具风格，翻开的书本寓意着续写新编章，将"爱"字镶嵌于书页中间，烘托了永定分校"爱为源、人为本"的发展理念。"科技文化长廊"满足学生课余时间围棋对弈、下象棋、军旗，烘托长廊的文化内涵。"面向未来"浮雕，将活字印刷、指南针、卫星轨道、卫星、飞机、星系、计算机等科技元素组合，表现学校厚重的历史文化底蕴和取得的辉煌成就，及学校面对新的机遇和挑战。"100个故事"错落在校园的各个角落，28个立体故事素材取材于门头沟区区域文化中最具有代表性的文化元素。"三山两寺一湖一峰""古村落""民俗"等，使学生喜闻乐见，潜移默化地帮助了学生提升德艺素养，引导、熏陶、感染学生健康、快乐成长。学校中还养了鸽子、大鹅、金鱼等，让校园充满了生机，孩子们能够与动物和谐相处。

新建的低年级部门口两侧有"我是小绅士""我是小淑女"的照片墙，记录着孩子们的精彩，也鼓励着孩子们继续努力。每层还有读书区，温馨而又雅致的设置让人不禁想拿起一本书在这里慢慢品味，这是一种氛围，也是一种享受。主教学楼里最引人注目的便是门头沟全景图的山水雕塑，人们总在这里流连忘返。钢琴也成为孩子们休息时的一个伙伴，常常听到悦耳的琴声，给学校增添了美丽的音符。专用教室更是各有特色，既体现了用途，又彰显了风格。

在每个年级楼道和科任教学区的墙裙都设计了一个主题，一年级楼道主题《三字经》、二年级楼道主题《唐诗文化》、三年级楼道主题《论语文化》、四年级楼道主题《名人名言》、五年级楼道主题《门头沟区非物质文化遗产》、六年级楼道主题《畅想心声》、科任一层主题科学文化墙、科任二层主题音乐名家、乐器介绍文化墙、科任三层主题书法、绘画艺术文化墙。此外在每个教室都设计了软木墙报，体现双语的班级文化。这些丰富的主题内容都将作为学校校本课程资源，为每一名学生提高综合素养奠定了坚实的基础。

  学校在教育理念的渗透设计上既符合审美的要求，又能最大化地利用寸土寸金的学校资源。在校园内公共区域设计了"56个民族文化墙""京剧文化墙""科技读书空间""音乐空间""大厅星空手绘墙""图书馆门口星空手绘墙""英语活动空间"，在每个班级和主楼道区域都建立了图书角，内容体现了民族文化教育，中华瑰宝的传承，现代科技教育，综合实践能力培养，为学生开拓视野，提高综合素质，陶冶情操创造了很好的条件。

  在校园中走一走，亮丽、精致、育人、适宜的文化氛围让我们流连忘返。

第四节　教师文化伴我成长

近年来，学校努力打造"阳光、智慧、美丽、合作"的教师文化。教师在这种文化的熏陶中改变着，成长着。每当看到老师们甜甜的笑容，看到老师们与孩子们一起做游戏，一起跑步，一起玩雪，看到老师们的互帮互助，看到老师们集体研讨，共同备课……我感受到了教师文化的存在。

3月15日，小学教学干部管理群发了一个通知：首届"北京市小学数学课堂教学观摩交流会"将于4月27日至29日举行，每个区（县）推选出一节课参赛。为参加此次活动，本学期我区举办"门头沟区小学数学课堂教学观摩交流会"，请各校自愿参加。每所学校最多上报一节课参赛，报课时间：3月17日（周二）。接到通知后，谭主任就在我校数学教师群中进行了转发，号召老师自主申报。第二天很多数学老师就主动报名了，从中我们看到了老师们自我发展的愿望，也看到了他们的自信。这次赛课需要讲上册教材的内容，时间很紧，经过数学教师们商讨由杨老师上这节课。赛课时间定在3月24日和25日周二、周三两天。19日下午抽签决定讲课顺序，并确定讲课年级。从接到通知到赛课只有一周的准备时间，杨老师利用短短的五天时间认真备课，反复磨课，两天试讲三遍，就连下午参加比赛，上午还在最后一次试讲，而且每次都力求做到精益求精。

数学老师们一直跟着听课，帮着修改完善教案。杨老师说：这次讲课我代表的不光是自己，还有学校，我不能给学校抹黑。从杨老师朴实的话语中我们看到了一名教师的责任与担当，从数学老师们身上看到了合作。在比赛当天的课堂上，在杨老师适时的引导中，孩子们表现出积极的发言欲望，他们深入思考的神情，思维的碰撞，解决问题后的雀跃给所有在场老师留下了深刻的印象。这样的课堂才是快乐的课堂，才是学生喜欢的数学课堂。课上的非常成功。虽然结果还未知晓，但相信杨老师找到了自己的价值，数学组的每个人也都在享受这个过程，都在从中体会着、感悟着快乐与幸福。

教师文化就是在细节中浸润着,在活动中彰显着,教师也在这种文化的蕴育中学习着、发展着。

一位教师的演讲稿

首先,我要感谢学校和教研员邓老师给我这次机会,让我人生第一次在全区老师面前展示我的课。感谢她们对我进行细心地指导,让我在成长的路上找到了方向,走得更稳更快。其次,感谢同仁们的帮助,支持,谢谢大家。

在今天讲《认识钟表》之前,邓老师和我校数学组成员共听了我四次试讲,这四次试讲,经过邓老师和数学组老师们的耐心指导,每一次都让我有所顿悟,让我提升很多。想想自己第一次试讲,好像就是走教案的感觉,过渡有些生硬,对学生没有及时地评价。听完课后,邓老师和数学组的老师们耐心地指导我怎么去研读教材,并让我多看看关于这节课的视频与教案。要关注孩子,对孩子们进行及时的评价。

在第一次试讲之后,我变得比以前更加忙碌了,只要有时间我就会仔细的看教材教参,看一些优秀教师的课,优秀的教学设计,我感觉每看完一次后,我都会有所感悟,在别人身上学到一些东西。在家里,我对着镜子讲课,来练习自己的表情,自己的语音、语调。我找到了许多评价语言,在平常上课时我总是有意的去夸每一个孩子,我发觉孩子真是夸出来的,他们都特别喜欢上数学课,我和孩子们互动越来越好,越来越默契。

就这样忙碌着迎来了第二次试讲,试讲后,邓老师和数学组成员们帮我把教案又细致地捋了一遍,并在细节方面对我进行了耐心的指导。我把教案进行了细致的修改,每天在头脑中反复地斟酌要讲的内容,想想哪句话应该说,哪句话不应该说,哪句话应怎样说更简洁。我家孩子四岁,每天晚上我都把她当学生练习一遍讲课的过程,我家孩子还算听话,也很喜欢做学生,特别是"时间像小马车"那首歌,她跳得特别好。每天晚上睡觉之前，我把给学生讲课的过程再在头脑中过一遍，很多细节和准备不足的地方在这时最容易发现。

紧接着，就迎来了第三次试讲，邓老师评价我有了很大的进步，我也感觉到自己好像融进了学生的氛围，带领着学生们前进。大家都说大致的环节挺好，就是在突破重难点方面，怎样让学生自己找到自己突破，自己总结出当分针指着12，时针指着几就是几时等。于是，又是忙碌地思考与准备。

紧接着过了一个星期，大家又听了我的第四次试讲，听完之后，说整节课挺好的，要预想出不同的学生不同的问题，怎样更好地抓住学生们在课堂中的生成。于是，又是全方面的思考和精心的准备。我在头脑中一遍一遍地想象在多功能厅上课的情景，由于多功能厅的布局与教室不一样，在哪个环节应该站在哪里等，我都要考虑到。就这样忙碌着，迎来了今天这节课。这节课我一点也不紧张，好像这个过程很熟悉，我经历了很多次，想一想，就是自己每天在头脑中把上课过程过一遍的好处。当然，课中还有许多的不足，但与我自身相比，我觉得自己在怎样备课，怎样研读教材，上一年级课应用的语音语调，对学生的调控能力和及时的评价等方面学到了很多，提高了很多。

虽然，这段过程是艰辛的，虽然，我没有了休息，但我是快乐的，特别是今天讲完课后，就像小时候做对了一道很难的题之后的那种畅快。最后，真心的感谢大家。

有爱有期待

我们这个大家庭中，一年级组是一个小家，在这个小家中，有爱也有期待。

"雏鹰训练营"是我们一年级组QQ群昵称，是2016年的新生团队，并携手迎接了2016届一年级新生。一年级入学课程汇报展示，小豆包们取得了"小雏鹰合格证"，一年级组也为小雏鹰训练营的稳步发展奠定了基础。

一年级团队由十位教师组成，个个可圈可点。杜校长，为我们指引方向，指导教学；白老师，初为人师，女神气质却丝毫不输；李老师，谦虚好学，语文圈儿里，绘画也是不在话下；经验丰富的杜老师，做事干练的谭老师，彬彬有礼的陈老师，古灵精怪的杨老师，端庄美丽的高老师，雷厉风行的梁老师，还有我。当然，还有235名可爱、勇敢的小雏鹰。

一学期来，一年级组凝心聚力、团结协作，教师们通过彼此间的学习和帮助，平稳的渡过磨合期，工作中也更加默契。摸索中，团队里的每一位都在不断成长；教学中，经过我们的共同努力，团队也有了长足进步，我们享受着携手前行的喜悦，见证着小雏鹰的勇敢探索。

一、亮点工作

（一）开学初家访工作

家庭是孩子的第一所学校，父母是孩子的第一任老师。家庭对孩子心智的成长，知识的获得，能力的培养，品德的陶冶，个性的形成，都有至关重要的影响。多年的经验，使我们认识到，教育引导学生一定要与家长及时联系，保持沟通，通过家校共育，才能事半功倍，达到教育的真正目的。8月23日，在入学课程第一次研讨之后，一年级的主、副班老师积极响应校长号召，着手进行家访，切实做好一年级学生入学前的准备功课。当家长刚接到我们家访的电话时，很是诧异，"还没有开学，就要进行家访？"当我告诉家长们提前家访，可以让我们增进彼此了解，缩短开学后的磨合期，尽快适应学校环境，便于高效开展工作，家长们对我们更是连连称赞。时值酷暑，我们便顶着烈日开启第一次家校沟通。由于有的孩子住得比较偏僻，几经辗转才到达他们的家中。看到我们，家长们很是感动，表示对我们的工作一定会大力支持。在交谈中，细致了解学生的同时，深深体会到家长的期盼，我们的家长大多望子成龙、望女成凤，总希望自己的孩子出类拔萃，因此对孩子的要求比较严格，自然对老师的要求也随之提高，作为一名教师，深感责任之重大。除了现场家访，有的家长抓住长假的小尾巴带着孩子在外旅游，有的家长忙于工作，我们只能通过电话对孩子进行各方面的了解。截至8月27日，在学生第一次报到之前，我们对班中所有的学生全部家访完毕。虽然在走访的过程中耗费了大量的时间和精力，但看到家长和孩子们兴奋和期盼的眼神，心中满满的是责任和幸福……

（二）开笔礼

开学伊始，我校为一年级新生举办了一场特别的入学典礼——开笔礼。开笔，是中国古代对少儿开始识字习礼形式的称谓，俗称"破蒙"。正衣冠、朱砂启智、拜师，饱含着浓厚国学文化的开笔礼让235名刚刚踏入校门的一年级新生有了一个人生角色转变的启蒙。我组教师将弘扬传统文化，作为礼仪启蒙的重点。教会学生尊师重道，旨在让孩子们领悟到即将学习的不仅是知识，还有为人的道理。看似不足一个小时的仪式中，每一分钟都饱含了教师团队的智慧。从第一次的启动会上研讨每班学习成果展示的分工，到每天将国学浸入学生生活的落实，再到开笔礼每一个细节的敲定，大家经历多次商讨修订。主持词措辞精准，每个环节都有条不紊。在我们一年级，无论是哪个班的学生，也无论发生了怎样棘手的问题，一年级教师团队总是合力协作，相互献计献策，旨在发挥个人所长，竭尽全力为每一位学生搭建人生的第一个"舞台"。

（三）入学课程展示

从一年级老师拿到自己班级名册的那一天起，一年级全体教师就开始筹划入学课程；从学生开学报到的那一天起，教师就为每位学生拍照，记录学生学校生活的一点一滴；从拿到入学课程展示活动安排那一天起，老师们就按要求进行有序的筹备。

首先是展板的布置，每个教师都积极踊跃地挑选学生作品，你争我抢地往展板上布置作品，效果不好，就反复调整，直到满意为止。其次，是老师们认真地筹备各班要展示的节目，不惜牺牲中午的休息时间，一遍一遍的给学生指导、练习，生怕哪一个学生动作生疏，影响最佳展示。终于迎来了10月21日这一天，全体一年级师生及家长都聚集在体育馆，进行入学展示活动。舞台上，孩子们出色的展示，家长们为之震撼，都不禁伸出手指为我们学校的办学理念点赞。当孩子为家长送上自己亲手制作的感恩贺卡时，不少家长和孩子都留下了感动的泪水。精彩的展示，家长的认可，感动的泪水，都是给予我们老师最好的回馈。孩子们欢乐的笑脸，收获的知识也让家长们放心、安心。

（四）乐考

一个学期的学习即将结束，考虑到孩子的年龄特点及心理需求，更是为了保护孩子的学习积极性，让孩子在考试中体验到愉悦和信心，增强自我的成就感。我们一年级的全体家人为孩子们设计了一场以"绿野仙踪"为主题的期末乐考。在这次乐考中，杜校长在主题的选择及闯关的设计上，给予我们理念上的引领和指导，希望通过这学期开展的绿野仙踪主题园的系列活动，让乐考活动再提升一个空间，同时活动的结束也为本学期画上圆满的句号。我们一年级组的全体老师，在理念的引领下，在领导的指导帮助下，共同讨论，群策群力，结合我校一年级学生的实际特点，制定了以"绿野仙踪"为主题的闯关游戏。孩子们手拿绿野仙踪线路图，首先找到多萝西，与美术老师一起写名字，涂彩虹。随后孩子们按照标识找到稻草人，在这里成为时间的主人——拨时钟。紧接着，孩子们又来到狮子家，与狮子一起勇闯"慧眼识字、我是小诗人、我爱读书"。铁皮人是英语的乐园，孩子们或说或唱，好不热闹。最后，孩子们来到翡翠城进行足球射门。孩子们在快乐的闯关中检验了自己一学期的学习，而在这快乐活动的背后，我们一年级组的每一位家人也付出了辛勤的劳动，但是累并快乐着，孩子们收获的就是我们的成果。忘了多少次杜校长与我们一起开会、研讨，忘了多少次大家因为活动设计的细节而反复修改方案，更忘了有多少次为了制作精美学具而加班加点……所有付出的一切更让我们感受到成功的快乐和家的温暖，与此同时，在乐考的筹备和参与中，我们也成长不少。

（五）新教师感悟

作为一名新教师，能够进入一年级组这个大家庭，是非常幸运的。刚走上工作岗位，对教学工作多是一知半解，所以我总向我的师父请教教学中的疑难问题，学习她们那种对学生认真负责的态度。师父耐心地将自己多年来的教学、管理经验，毫无保留地传授给我，让我这个新教师得到了更快成长。课堂教学中，杜校长和组内老师多次走进课堂，聆听我的授课，并且每次都会认真地指出我课堂教学中的不足和需要改进的地方；日常教学管理中，由于工作经验不足，当工作出现疏漏时，同组的老师们都会贴心地及时提醒我；生活中，当我生病时，老师们更是主动帮我上课、给我找药；我没时间吃午饭时，师傅更是不容推辞，帮我照看小饭桌让我去吃饭……很多的小事都让我觉得特别感动。

二、取得的成绩和改进方向

一学期下来，我觉得我们取得的最大成绩就是看到孩子们的进步与成长。还记得开学没几天的开笔礼上孩子们规矩的坚持站了40分钟，入学课程展示活动上孩子们心怀感恩之心为家长送上自制的爱心卡片，家长留下了感动的泪水。感恩节当天孩子们用同样的方式向志愿者叔叔表达感谢，感恩的种子埋进了孩子的心里，孩子们感受着爱、传递着爱。看到孩子们逐渐养成了良好的学习习惯和行为规范，更是老师们最大的收获。

我们成立了班级家委会和年级家委会。10月份我们六个班顺利完成了破冰仪式，接下来我们和家委会的家人们共同策划了元旦庆祝活动。乐考也引导家长朋友参与其中。在一次次的活动中我们建立了感情，培养了默契。家校共育初见成效也是我们的收获。下学期我们和家委会携手，组织学生走进石龙科技展进行参观，旨在开阔学生的视野。

我们的团队就像一群飞翔的大雁，沐浴着和谐的春风，舞动着激情的翅膀，承载着无限的希望，在实验二小永定分校的天空下，搏击风雨，展翅翱翔！能在这样的团队下工作、生活我是幸福的，孩子们是幸运的，我为我的团队而骄傲，为小雏鹰们而自豪！

在这个团队中，在我们的大家庭中，有着爱，更有着期待！

第二章 对办学特色和学校文化的深度思考

第一节 对办学特色的反思

在一次学校管理研讨活动中,李烈校长谈到学校办学特色时讲道:"学校的办学特色是可能有别于其他学校的、长期形成的较稳定的学校文化,更多地显示出来的可能不是具体的工作或活动,而是在学校中每个人身上具有的特质。"近日李希贵校长在一次培训中说:"我不太主张把学校办成特色学校,倒是希望学校没有多少特色,而每一位学生都有自己的个性,这样更好。"

当下随着社会经济的快速发展,也不免给教育带来了一些负面影响。浮躁、追风、急功近利的思绪也充斥着教育界,弥散在校园中。每个学校都在追求着各自的办学特色,有些校长完全根据自己的爱好、个性发展学校的办学特色;还有些校长不惜重金聘请专家学者深入学校,绞尽脑汁深挖潜力,找出特色,从而达到"人无我有,人有我优,人优我精"。一些地方教育行政部门还明确规定要做到"一校一特色"。瞬间,社会上很快涌现出许许多多、形形色色的"特色学校"。有的学校在区域内体育竞技成绩拿了几个第一,就形成了"体育特色",命名为"体育特色校"。有的学校成为金鹏科技团就形成了"科技特色",合唱比赛取得了好成绩,就形成了"艺术特色"……

确切地讲,这些"办学特色"大多是具体的实践层面的特色活动、特色学科,如果把这些特色归结为学校的办学特色,我认为是把学校特色的内涵降低了、窄化了,甚至是理性偏颇。

结合李烈校长、李希贵校长谈学校特色更多地应反映在培养目标上、体现在人的身上,使我想到了特色是一所学校个性的体现,是长期办学过程中积淀而成的学校特质。例如,北京大学的"思想自由、兼容并包"、清华大学的"自强不息、厚德载物",美国哈佛大学的"崇真",英国剑桥大学的"先进和独到",无不体现在人的身上。

我校的培养目标是"培养崇德善学、饶有特长、身心健康且具有国际视野的大写的"人"。这个目标看似放到哪所学校都适合,但从中我们又提炼出具有我校学生的特质是:大气、博爱、儒雅、自信。因此,在基础教育阶段,我们首先应突出人的"全面发展"。如果盲目追求特色项目,或许会是给孩子打开一扇窗时,又可能关闭了另一扇窗。义务教育阶段是基础教育阶段,小学教育是基础的基础。既要培养孩子全面发展,又要关注孩子的个性发展,为孩子今后升入更高一级的学府乃至走上社会打下坚实的基础,才是我们永恒的追求。

综上感悟,我认为学校办学特色应该是学校在长期办学过程中,经过师生的共同努力,在先进的教育理念指导下,结合学校实际,形成具有稳定持久的管理层面的内涵、实践层面的外延,是学校特有个性的彰显。

第二节　对学校文化的思考

2015年9月29日,北京名校长发展工程一行5人走进北京第二实验小学永定分校。听了我的汇报,观看了宣传片,听了一节课,随后进入诊断、指导阶段。

李校长带着一片深情讲述了这所分校8年来走过的路程,感动着学校巨大的变化,并认为我校是分校中办得最好的一所。听得出李校长是褒奖,是肯定,更多的是期望!季教授听到新校区刚刚使用4年,各方面工作得到迅速提升,并成为门头沟区窗口校时,用"很了不起"概括了她的感受。在谈到我本人时,李校长也不乏赞美之词,认为是分校中最好的校长,最能琢磨的校长。季平教授认为我很真实,很有头脑。

结合导师的评价,我也认真回顾了近几年自己成长的心路历程及使学校发生蜕变的过程:概括地讲,是"一问二悟三行动",并且是一个封闭呈正三角形的循环往复的过程。

一问:总校与分校区别是什么?优势是什么?哪些优质资源可以为我所用?了解学校传统、历史、队伍、学生、家长,周边资源。这是一个由不知到知，由不懂到懂，不会到会的过程，是一个主动虚心学习、求教的过程。

二悟：参加总校研讨活动，李校长为什么这么讲？假如是我会怎么讲？学校文化如何具有弥散性，内化于心，外显于行？站在总校的理念上，我校教育现状是什么？有哪些问题？如何学会站在巨人肩膀上成长？这是一个内化的过程，知、懂、会了吗？更是理性的消化吸收的过程。

三行动：没有行动，只能是纸上谈兵，空中楼阁，只有马上付诸行动才是对问、悟的最好答复。"鞋子只有穿在自己脚上才知道合适不合适"。在实践过程中会逐渐产生新的问题，又会回到问、悟的过程。

在长达近6个小时的指导过程中，我的感悟颇深。想一想两年前教育集团视导时，我代表学校汇报了"一三五七行动计划"，当时七大文化刚刚处于创建初期，李校长并没有提过多的硬性要求，而这次完全围绕学校文化展开引领。首先，办学理念与核心价值观的联系，总校办学理念"双主体育人"，核心价值观是"以爱育爱"，而我校办学理念为"以爱为源，以人为本"，当时确定的核心价值观则是"用爱润泽适合师生发展的教育"，二者有些牵强。其次，管理文化没有体现为师生服务的理念，更多的是自我要求，自我约束，应把制度文化从管理文化中分离出来，课堂文化回归课程文化，课程的实施就是课堂文化，七大文化的表述词，诠释需更多地研讨。

季教授提出了要解决当前困惑的阶段性目标，对于学校文化需进一步梳理，特别是七大文化内在的联系是什么？有什么样的培养目标就应有相应的学生文化，有什么样的教师文化就应有什么样的管理文化，学生文化决定教师文化。

结合两位导师的点拨，我再一次梳理了几年来学校发展的思路，并对学校文化进行了深入的思考。在行政会上引领大家改进当下的工作，转变管理思维，浸润学校的文化，并提出了改进措施：（1）夯实办学理念、办学愿景，使师生的特质更加显现，这所学校的师生应是学校办学目标的主体。(2) 继续完善学校"育鹰"课程体系，使之成为学校进一步发展的重要载体，因为课程是解决培养什么人的问题。(3) 继续优化培养教师队伍，让学校成为教师实现自身价值的生命场，由关注事向关注人转变。以课改带动教师向研究型转变，打造团队，提升凝聚力，搭建平台让教师体验成就感，关心呵护教师，营造浓浓的家的氛围。(4) 加强家校协同教育，让家长成为孩子教育成长中重要力量。(5) 认真完善学校七大文化，反复研讨，厘清各文化间的联系，使校长的办学思想与教师的思想形成和谐的统一。(6) 进一步发挥学校的辐射作用，让更多的孩子享受先进理念下的优质资源。

总之，我认为"爱为源，人为本"的教育理念已经在学校的土壤中生根、发芽，加以不断精心施肥、养护，坚信定能绽放出富有校本个性的文化之花。

第四篇　变失为得，积蓄管理心智

学校管理涉及千头万绪，事无巨细，条条件件都很重要。在我的管理中，有爱心培育，有辛苦付出，有勇于挑战，有痛苦沉思……这些铸就了我的体验与反思，我的成长与收获。

学校的安全是重中之重，因为学校面对的对象是师生，是一个个鲜活的生命，安全不仅是人的生命，也是学校的生命。但百密难免一疏，这绝非什么开脱、辩解，而是客观存在。最重要的是时时警钟长鸣，要有应急预案，还要善于从疏漏、挫折、失败中吸取教训，变被动为主动，变失败为成长的资源。

在管理当中，不同的个体有不同的个性，以"改变即创新，研究即工作、问题即课题"的管理理念，努力形成规范、责任、高效、民主的管理文化。虽然我们一直在学习与前进中摸索，但还是要经常回过头来反思自己，反思让我们在总结成功、收获喜悦时，也应将那些疏漏、挫折、失败仔细地梳理出来，并记录于心，从中提取出教训和养分。这不仅会使我们的管理变得更增加安全系数、更精细，而且会使我们的思维变得更敏捷、更周到、更智慧。

人非圣贤，让我们变失为得，在不断总结、梳理、反思中积蓄管理心智，使我们的管理境域更加完善。

第一章 实践中蓄智

第一节 我主持的两个"第一次"行政会

1988年9月,我由师范毕业被分配到门头沟区大台中心小学,先后担任体育教师、语文教师、大队辅导员、教导主任、副校长,于2002年7月,刚满33岁的我走上了校长岗位。上任后,我主持了做校长的第一次行政会。

现在回想起来,整个会议都是我在"一言堂"。首先学习了区教委的文件精神,布置了当前的具体工作,领导分工。最后谈了我的工作思路及七点要求。

首先我对学校做了两方面的分析,这些分析是同我一直在这所学校工作分不开的。从办学规模及师生构成来看具有以下几个特点:办学规模较大,是全区第二大中心校;教师队伍年轻,大多教师把此校作为山区向城镇调动的跳板,队伍极不稳定;学校地处矿区,矿工子弟多,借读生多。

从办学现状分析:第一,前任校长带领教职员工做了大量的工作,取得了显著成绩,规范了学校的管理,形成了自己的管理风格,教委曾于2000年6月在我校召开了全区的学校管理现场会,这些都为学校以后的发展打下了坚实的基础。第二,学校的科技教育已坚持数十年,初步形成了学校的办学特色。第三,由于地处山区,信息闭塞,骨干教师培养一个走一个,使我校课堂教学水平始终处于低水平状态。第四,学生家长来自五湖四海,文化水平参差不齐,文盲占一定数量。第五,由于借读费取消,办公经费出现了严重不足。

通过以上情况的分析,我们既有做好工作的优势,又有进一步发展的困难。因此我提出今后的办学思路:继承、完善、发展。不能换了校长就一切推倒重来，我在学校工作了14年，亲历了学校发展，有许多好的管理措施和方法，无不凝结着大家的智慧，需要继承和发扬；随着时间的推移及上级工作新要求、新举措，有些规章制度和管理举措需要不断完善，才能紧跟时代的步伐；学校发展是硬道理，墨守成规、循规蹈矩只能使学校停滞不前。七点要求：（1）学会用脑、用心去工作。做每一项工作都要考虑目的是什么？方法是什么？效果怎么样？不能当"猛张飞"，有口无心，干了半天没有效果。记得有位校长讲过，不能发现问题如同骑着一匹瞎马，要不断发现问题，并努力去解决或及时向我反映，这绝不是打小汇报，而是研讨工作。（2）要讲究雷厉风行的工作作风，要有很好的执行力，疲疲沓沓、慢慢吞吞是干不好工作的。做事要讲方法，言必行，行必果。不能做天桥的把式"光说不练"，这样会让老师看不起，威信降低。要注意，在群众中的威信是干出来的，不是说出来的。（3）要增强组织观念，全局观念。党的组织原则是少数服从多数，下级服从上级，全党服从中央。这里我要强调的是行政会上商讨的问题，大家要畅所欲言。"仁者见仁智者见智"，不能达成共识也是正常的。但一旦形成决议后，大家口径要一致，绝不允许当面一套，背后一套。要注意保密工作，因为有些事在宣布之前可能还有变动。（4）严于律己，以身作则。"政者，正也。子帅以正，孰敢不正。不能正其身，如正人何？"因此，领导要站得直，行得正。率先垂范，要讲奉献、敬业精神。记住，你可以原谅教职工的一百个错误，但他可能一个错误也不会原谅你。你做不好，怎么去领导教师？谁听你的？（5）要善于做教师的思想工作。制度无情人有情，原则性和灵活性要结合，我们既要严格执行规章制度，又要从教师发展的角度关心他们，爱护他们，耐心做好思想工作。要交心，不要一味去管、卡、压。归根结底，我们的工作、制度要服人。（6）敢于管理，善于管理。当干部不能想当老好人，怕得罪人就不要在这个位置上。其实，实践证明老好人最后也没有得到人心。在管理中我们要一视同仁，一碗水要端平。做到"赏不避仇，罚不避亲"，"民不服我能，而畏我公"。（7）紧紧围绕中心工作做事。教育教学是学校的中心工作，学校每一位领导做工作都要以此为中心。不懂教育教学，你就不要当学校领导！

总之，我希望本届领导班子是个干实事的班子；是个善于用脑、用心做工作的班子；是个充满朝气、活力、有人情味的班子；是个团结向上的班子；是个廉洁奉公的班子。我反对搞一代天子一代臣的做法，但我也绝不会"强按牛头吃草"，加强对领导的考核是我本学期的重点工作。

回看我的第一次行政会，首先是对学校的现状比较了解，我在大台小学已经工作了14年，经历了学校的发展变化，因此管理的风格及讲话的语气都与前任杜春勇校长一脉相承，相互比较适应。有位教委领导还曾对杜校长开玩笑说，小宋校长说话的语气都跟你很像。这就应了那句谚语：与智人行必得其智。并且深知目前学校的优势及存在的问题，否则讲话的口气也不会那么强硬。其次就想在前任校长的基础上扎扎实实做点事情，下定决心带出一支过硬的教师队伍，这为以后大台小学成为山区教育的一面旗帜奠定了基础。

2009年8月，由于工作需要，我被调入了当时门头沟规模最大的北京第二实验小学永定分校（原永定中心小学）。对于我来讲，这是一所陌生的学校，由于在一个区也了解一些表面的东西。

召开的第一次行政会我是这样讲的，首先亮出我的工作思路：稳定求发展，继承求创新。并提出了一个三年的发展目标：利用名校办分校的契机，新南城（现在叫新城）大开发之际，用三年时间（前提明年迁新校址），把实验二小永定分校办成门头沟名校并能吸引部分门城的师生。

我又提了六点要求：（1）要敢于管理，善于管理，向管理要质量。干部的首要职责是管理，敢于管理就是不能当老好人。实践证明，老好人最后也得不到人心。善于管理就是要讲究方式方法。遇事要沉着冷静，哪些冷处理？哪些热处理？都要经过深思熟虑。特别要注意公正、公开、公平。"民不服吾能，而服吾公""赏不避仇，罚不避亲"。

(2)围绕中心,狠抓课堂,向课堂要质量。课堂教学是学校的中心工作,其他工作再出色,教学质量上不去也不行,领导和老百姓也不认可!每天要坚持听一两节课,课后与教师交流意见,少一些权威多一些引导,因为我们不是专家,况且教无定法,所有行政领导都要走进课堂。(3)要增强组织观念,全局观念。党的组织原则:少数服从多数,下级服从上级,全党服从中央。我要特别强调的是议事及保密原则:在行政会上商讨的问题,大家要畅所欲言,有分歧意见很正常,仁者见仁,智者见智,但决议一旦形成,大家口径要一致,桌上多声音,桌下一个声。绝不允许当前一套,背后一套,让你讲时再讲,因为有些情况,思路可能有变。要讲全局观念:我们是一个大家庭——实验二小永定分校,全中心每一位教职工,首先是永定中心的一员;其次才是中心校、上岸小学、稻地小学等(当时是一所中心校管理着5所村完小和一所幼儿园)。因此,我们领导考虑问题要从大局、全局出发,不可从自己的一点考虑问题,这样不利于我们个人发展,在全中心整体工作部署下提倡"一校一品"。均衡发展是国家、北京市一直积极推进的,要达到"你好,我好,大家好",各校在保证稳定的前提下,人员要合理流动起来。谈到流动,我要多讲几句。我所讲的流动交流是除幼儿园以外,六所小学之间的流动。幼儿园绝不是学前班,它有自己的纲要,有自己的规范,没有受过专业培训的教师是胜任不了幼儿教师岗位的,连保育员也当不好。反之,幼儿园教师到学校教音乐、美术,短期内效果也不好!今后,我们还要在幼儿园做文章,争取三年拿下一级一类园,没有一支过硬的队伍肯定是不行的!(4)用心抓好队伍建设。没有一支好的队伍不要谈质量的提高,素质教育、均衡发展都是空话。队伍也是我们的脸面,我们既要严格管理,也要学会善待职工,即"生活上关心,情感上呵护,事业上激励"。具体要求:①朝气蓬勃的精神面貌。绝不允许教职工无精打采,搪塞敷衍。教职工的精神面貌直接反衬了我们的管理!②敬业奉献的工作态度。③谦虚谨慎的处事风格。④和谐互助的同事关系。⑤笃学进取的自身素养。用这45个字打造优秀的教师群体，记住"每当我们教师在市区各类大赛中取得佳绩时，也是我们领导最高兴之时"；"让每一颗能发芽的种子都开花结果"；只有这样我们才能留住教师，才有吸引力（教师调动的原因：嫁到城区、搬迁、为了孩子上学、经济收入，自我价值的体现）。(5) 讲究雷厉风行的工作作风，学会用脑、用心去工作。做每一项工作都要考虑：目的是什么？措施是什么？效果怎样？要不断发现问题，"不能发现问题如同骑着一匹瞎马"。疲疲沓沓、慢慢吞吞是干不好工作的，雷厉风行不是"猛张飞"，"领导的威望是干出来的，不是说出来的"。用耳朵做领导——糊涂，用脚做领导——勤快，用眼做领导——实在，用心脑做领导——智慧。(6) 严于律己，以身作则，勤政廉政。古人云："政者，正也，子帅以正，孰敢不正，不能正齐身，如正人何？""吏不服吾严，而服吾廉"，不该拿的钱一分都多，不该拿的物一块香皂也多。律己足以服人，量宽足以容人，身先足以率人。"你可以原谅教职工一百个错误，但他可能一个错误也不原谅你"。不与群众争名利。早来点，晚走点，天道酬勤，业精于勤。总之，靠干和争取荣誉，扩大影响力；靠法和治创一流，加强战斗力；靠爱和勤促团结，增强凝聚力；靠严和规树正气，提高向心力。

这是在新学校主持的第一次行政会上的讲话，因为了解的不多，就把原来的工作要求引进来。学校管理有许多是相通的，会前也找部分教师及干部谈过话，我总结目前主要问题是学校与幼儿园的师资流动，还有存在各敲各的鼓现象。回过头看，当时讲话重要的一点就是要抓住名校办分校的契机发展学校，这也为学校以后将先进理念本土化实现跨越式发展，成为区域内的窗口校、优质校奠定了基础。

现在反思起来，两校第一次行政会上的讲话，尽管有针对两所不同学校提出了不同设想，但总体思路和风格如出一辙。作为一所学校的校长，当然有权利和责任对学校作出自己的分析和评价，对行政班子提出整体要求，但不能整场会议都是一言堂。尤其对学校发展思路、规划的设计，更要集思广益，不仅要调动班子成员发言在先，还要广泛听取教职工的意见和建议后，校长再进行总体分析、梳理、归纳，并形成初步草案；交由行政班子和教代会再行讨论、修改后，形成初拟草案，再在全体教职工大会上予以公布，并在实际执行中逐步修改、完善。其实，任何计划、方案、设计的出台，都是一个集思广益、凝心聚力、广泛发扬民主的极好时机和过程，也是学校文化内涵酝酿、建设的磁力场，仅凭校长一己之力的苦思冥想、精心润笔，也只能是纸上谈兵的一纸空文。

由此可见，校长要学会做行政会的策划者、设计者和参与者，而不是一言堂的主持者，才能真正调动起全员的主动性和积极性，才能称其为成功的行政会。

第二节　行政会上的风波

期末检测刚刚结束，我召开了本学期最后一次行政会。在会上，我对一名在期末考试中有舞弊现象的教师宣布了处理决定，并强调：对这一事件，各位领导都要深刻反省。不能让学生成为教师盲目追求及格率和优秀率的试验品。我们要对学生负责、对家长负责、对学校的声誉负责。若再次出现此类事件，将追究相关领导的管理责任。话音刚落，该教师所在校区的某主任打断了我的话，他的脸有些发红，急切地说："我讲两点：一是请各位不要将此事泄露出去，为了这位教师的将来着想；二是我不同意追究领导责任，我没责任。"说完，把本一合就要起身，其他的领导马上把他按回座位。面对突如其来的事件，我很冷静地不予理睬，尽量克制自己的情绪。因为已经没有时间再安排行政会了，其他工作还没有讲，于是我坚持把行政会开完。会议结束后，我仍按照事先的安排请大家吃饭，饭后大家各自回校。

回到办公室，刚才的事还是想不明白：我当校长已经五六年了，开行政会也无数次了，从来没发生过此类事件。于是，我就分别找了几个领导，让他们谈一谈对刚才这件事的想法。他们普遍认为校长比较理智，某主任的做法是不妥的。我听了大家的想法之后，陷入了沉思：作为学校的一把手，在行政会上遇到了这样的"冲击"，应如何对待呢？思考后我拨通了某主任的电话，以平和的态度问他有何想法，他坦言自己的冲动并向我道歉，说通过这一事件，他感受到了班子成员的团队精神。因为在前后不到两个小时的时间里，领导们纷纷给他打电话，帮他分析了自己的行为。最后，这位领导表示会选择适宜的时机向大家道歉。

第二学期的首次行政会上，他第一个发言，对他在上次行政会上的行为表示道歉，希望大家原谅。借此机会，我重申了行政会要求：一是开会期间关闭手机或调到振动；二是准时开会，不得迟到，不能参加提前请假；三是会议期间认真倾听，不准打断会议进程，需要讨论时再积极发言，若有建议或不同意见，会议结束后找相关领导阐明自己的观点。强调了要尊重领导，维护班子的团结。

会后，我感觉心情舒畅多了。当静下心来，想到"木桶原理"及"弹钢琴艺术"，感觉在处理这件事情时，对教师的处理决定虽然征求了该领导的意见，但在强调追究领导管理责任时，没有考虑到该领导的心理承受力；对下属的优缺点了解不足，应多走近他们，多帮助他们解决一些难题，真正让他们信服。

几天后，我利用下班时间到他所在分校与他促膝谈心，肯定了他工作中取得的成绩，他也对学校进一步发展提出了好的思路和想法。

第三节 有为才能有位

伊索曾经说过，"每个人都有靠自己的本事而受人尊重的"。我只想说，"有为才能有位"。

那时由于学校缺编，有些岗位不得不聘用临时工。一天晚上，一位做学校勤务工作的临时工不慎扭伤了脚。伤筋动骨一百天，必须临时找一人接替她的工作，总务主任确定了几个人选经过行政会讨论，决定聘张某临时接替原临时工李某的工作。

张某比李某年轻体壮，干活又周密细心，得到了包括领导在内的大多数教职工的认可。李某的伤渐渐痊愈了，要求回校上班。总务主任把这一情况反映给了我，我陷入了沉思。论工作干劲、工作水平，张某比李某高出很多，就拿做楼道卫生举例，李某动作慢，经常让爱人帮她一起干，而张某做事利落，自己很快就能做完楼道卫生。两个人能力悬殊确实很明显，而李某却恰恰是学校职工的爱人，怎么办呢？我召集行政人员开会共同商议此事，会上也出现了两种建议：一是照顾教职工家属，就是帮助教职工本人。我们在会上经常讲以人为本、以教职工为本，为他们做实事做好事会激励他们更好地去工作。如果辞掉他爱人，他是否接受的了，况且他的岗位很特殊（食堂大师傅），再出现其他的问题就难办了。第二种建议是用人要用可用之人，人事制度改革就是要形成能上能下、能出能进的局面，要淡化人情，从改革的大局出发，该照顾且学校能够照顾就考虑，不能照顾就不应考虑。辞一个临时工就这样困难，等以后教职工人事改革怎么办？鉴于以上思考，我的天平站到了第二个建议这边，决定用能人而不考虑照顾。

会后，由总务主任代表行政会去做职工及家属的工作。该职工想不通，学校为何不照顾职工家属呢？晚上喝了许多酒来找我，大有大闹一场的架势。见他喝了许多酒，也听不进劝，我就一方面派人去做他爱人的工作；另一方面找几个男教师给职工做工作，稳定了一夜！第二天，我主动找到李某，把行政会决议告诉她，并讲了几年来学校对她们家的关照，她本人的身体也不适合，将来还会出更多的问题，并且严厉通报了昨天晚上的情景。李某觉得我说的有道理，欣然接受了。

随后的日子里，我和学校尽可能地在生活上帮助那个落选的职工家庭，最终得到职工的理解与赞同。绝大多数教职工对此事持拥护赞成态度。我不禁感慨：不论是谁，用能人不用闲人，只有有为才能有位！

第四节 修炼"能做会道"

当下，人人都活在一个信息化时代里。而信息的传播，往往离不开"文字"这个载体。有很多事情如果踏踏实实地做了，却没有认真地梳理，这样并不能把自己所作所为传递给别人。所以，实实在在地做很重要，认认真真地写也不可忽视。

那是一天下午，教委一位领导打来电话，急急火火地说："宋校长，你们学校申报的'课程建设先进校、教育教学成果'材料写得不好，要求重写，否则不予申报。"

听完此话，中层干部、教师们积极投身课改忙碌的身影立刻闪现在脑海里。本学期，我们做得最多的就是课程改革，成效也很显著。不仅召开了全区课改现场会，还得到了市教委领导的高度肯定。怎么就落得个不予申报呢？就因为材料不好？真是应了那句老话"做得不如说得好"？

一时间，我很生气，也很不解，心想干脆放弃评比，我们用心尽力、辛辛苦苦地构建课程体系，目的是引导教师增强研发课改意识，提升课改素养，把学生培养成"崇德善学、饶有特长、身心健康"的大写的"人"。况且，我们实实在在地做教育并非为了什么评优评先。

晚上，领导又打来电话说："参加市级评选主要看材料，不看材料怎么知道你做了什么。你们做得再好，可材料写得不好，又怎么让人信服？上级领导不可能每个学校都实地考察一遍，所以申报材料很重要。再好好整理一下，参评没问题。"

静下心来想想，领导说得也有道理，不看材料谁知道你做了什么，怎么做的，做得又怎样呢？上级开展评比的目的是为了总结经验，积累认识，提升理念，激励他人，也是一个重新梳理和反思的过程。诚然，光说不练假把式，但只会低头拉车，不会抬头看路，难免迷失方向，能做会道，也是硬功夫。尤其活在信息化飞速发展的当下，更应修炼能做会道的真本领。于是，我将相关领导聚在一起，重新梳理了学校的课程建设，并整理出在整个过程中的得与失。抓住这个契机，不但完成了上级交办的任务，还做了我们自己的事情，一举双得。

在今后的工作中，我们要认真梳理所做的事情，边做边梳理，在梳理的过程中也会感悟到很多有价值的东西，指导我们继续前行。

第五节　由加班费想到的

教师是一个光荣的职业，陶行知曾经说过，"捧着一颗心来，不带半根草去"。这是一种对教育的热爱，对教育事业的奉献精神。谈起老师，也有许多歌颂与赞美之词，无不显示老师的无私奉献和真诚的爱。但有一件事，引起了我的关注，我的思考。

有一天，人事干部给我发了一条短信，"校长，加班费、代课费、各部门都做好了，发吗？"这学期是人事制度改革后绩效工资方案实施的第一学期，涉及教师的个人利益，若在往常我会直接肯定答复。这次我犹豫了一下，回短信，"先不发，印一份纸质的放我办公桌上"。

回来一看，教科室、服务中心、学生发展中心、幼儿园报上一堆名字及金额，合计几万元，我意识到这里存在着问题。再仔细一看，其中包括假期集中备课、参加基本功比赛、带学生活动、参加体育竞赛、早晚出车、假期校内施工、临时岗位代课、替班等等项目，涉及全校60%的教职工。这些让我吃惊，也让我不解。

我先找到人事干部："各主管交上来的统计表你看了吗？你审核了吗？作为人事干部是通晓政策的人，你觉得这符合学校的制度吗？"然后，分别找来各主管，大家共同研讨：加班费的界定标准；加班与值班的区别；加班与履职的区别。各主管也对自己的管理进行了认真的反思，重新统计。

事情虽然过去了，但我却思考很多：

我想起了一首歌："轻轻的深夜群星在闪耀，老师的房间彻夜明亮，每当我轻轻走过你窗前，明亮的灯光照耀我心房……培育新一代辛勤的园丁，今天深夜灯光仍在亮，呕心沥血您在写教材，高大的身影映在您窗上……"

其实我们教师的一天，大多数时间是在工作中度过的，面对一个个幼小的心灵，老师的心是纯洁的，老师的爱是无私的，看到孩子们的成长与收获，老师们是最幸福的。而幸福是存在于物质利益之外的一种感受，是我们每个教师都希望获得的，也是我们要追求的职业价值与生命价值的统一，这些都与物质无关，却存在于我们的心灵，让我们受益。

而此次事件中隐含着许多管理的不利因素：加班界定不清，制度上明确讲老师利用休息时间带学生参加各类活动或学校临时工作需要加班的可视为加班；加班与本人的岗位职责混为一谈，如司机早晚出车虽然不在上班时间但是其职责；带薪休假与加班混为一谈，如假期集中备课。

学校现在正在转型发展，而领导们只考虑到当前局部利益，满足教师个人物质利益的需求，忽略了教师自我价值的实现，没有站在学校整体的角度考虑，没有引领我们老师寻找这种价值的统一，寻找自身价值的体现，这种体现不是用物质来衡量的，而是一种内心的成就与追求，内心的快乐与享受。如同马斯洛需求层次理论的最高层次自我实现需求层次，一种人们以他们独特的方式意识到他们最高潜能并充分发挥自己潜能的状态。这应是我们教师所追求的最高状态，也是我们最幸福的状态。

因此，引领教师自身价值的体现绝非是物质的累加所能企及的，学校的导向无不起着重要的作用。

第六节　孩子出勤率提高了

10月底的一个早晨，我同往常一样拿着听课本来到幼儿园，在园长的陪同下到各班转了转。孩子们正在舒缓优美的轻音乐伴随下愉快地吃着早饭，我轻轻地举起手与他们打着招呼。

各班转完后，我对园长说："孩子来的不太多啊，什么原因呢？"园长不假思索地随口说道："可能是天气的原因吧，咱幼儿园的楼在阴面，现在又没有暖气，在供暖之前这段时间应该是最冷的时候。"我没说什么，走进邻近的一个中班开始听课。

两天后，我参加幼儿园开展的区骨干教师教学示范活动，与老师们坐在一起进行观摩，并且参加了课后研讨。我再次谈到了孩子的出勤问题："大家一定要关注孩子的出勤，其实这背后反映了许多问题，比如：领导对老师的管理、老师的爱能否传递给幼儿、家园共育的水平，等等。出勤率高说明老师的教育水平高，幼儿园的办园质量高。"

从那以后，我每次来幼儿园都会习惯性地问老师两个问题："你们班总共有多少人？今天来了多少孩子？"园长和老师们开始关注起孩子的出勤率，纷纷行动起来，运用各种教育策略吸引孩子来园。如早晨入园时给孩子一个充满爱的拥抱；设置"今天我来了"互动小墙饰，由孩子到园后自己插上一个小笑脸；用"干杯啦""小米有眼睛""卷白菜"等游戏精心组织喝水、进餐、如厕等生活活动，使孩子们感受到幼儿园生活的趣味性；在游戏活动中做孩子们的玩伴，激发他们的创造潜能；经常与家长沟通，满足家长的心理需要，取得家长的充分信任等。

又一周过去了，各班来园人数逐步增多，全园出勤率呈现良好的上升趋势。为了及时让老师们分享经验、巩固成果，幼儿园利用周五下午的时间，由业务园长组织召开了"提高幼儿出勤率经验交流会"。大家围绕"如何爱孩子，让孩子爱来幼儿园"这一主题，从不同方面介绍了自己班三位老师的做法和体会。我全程参加了这次交流会，对老师们的付出及取得的成果给予肯定。最后进一步强调："如何提高出勤率关键是两方面，第一是家长，要让他感受到老师像父母一样爱孩子，甚至比父母做的还多；第二是孩子，要让孩子感受到老师像父母一样关心爱护自己，甚至比他的父母更贴心，孩子就爱来幼儿园了。"从老师们明亮的双眸中我看到了大家做好这项工作的决心和信心！

事后，我和园长又单独谈了谈，"做任何事都要透过现象看本质，事虽小也许反映的是我们管理方面的深层次问题。"在随后的行政会上，园长也与大家一起分享了这个案例。

张园长：对孩子出勤率低的思考

大处着眼，小处着手，对于管理者来说，幼儿园有许多大事要做，如制定切实可行的幼儿园发展规划，抓好教职工队伍建设和园所文化建设，构建适合孩子发展的园本课程，培养好骨干教师及青年教师等。相对于这些大事来说，孩子的出勤率这件事就显得小多了。正因为它小，才被我们忽略了。

原光明小学刘永胜校长在他的《工作手记》中有这样一段话："校长抓大事，并不等于在管理中忽略一些小事，有些司空见惯、习以为常的事看来很小，但却牵动着整体，影响着大局，小中有大。这样的小事，表面上小实际上却大，在一定条件下，有的小事会转化为大事。"幸运的是，被我们忽略的出勤率让我们校长看准了、抓住了，他用这件小事使我们认识到孩子出勤率与工作质量的关系，并引导我们在分析原因的基础上制定措施、加以改进。

"大处着眼，小处着手"是晚清重臣曾国藩一副赠联中的上联，意思为凡事都应该从"大"和"小"两个方面去谋划，去行动，才会减少或避免失误，使事情做得顺利圆满。我想，这句话同样适用于幼儿园管理中，"大处着眼"就是要从全局和长远的观点出发去思考幼儿园的发展，把握正确的目标和方向。"小处着手"则要求我们在工作中从实际出发，从当前入手，研究和解决影响保教质量提高的小问题，用心做好每一件具体的小事情。

一、全面分析，理性思考

在幼儿园日常管理中，我们会遇到各种问题，如果用孤立的、片面的思维方式去理解，就会只见树木，不见森林，难以真正认识问题，不利于问题的解决。

关于"孩子来园少"的问题，我只想到了客观原因天气冷，而没有思考主观原因到底是什么，思考范围非常狭窄，认识当然也是肤浅的。而校长却对"孩子出勤率"进行了全面的分析和理性的思考，找到了隐藏于事物现象背后的真正本质，使问题顺利解决。

事物的现象是容易被人看到的，但其本质却不是人人都能看到的，从现象进入本质是感性认识到理性认识的深化。

可以说，透过现象看本质是一种能力。所以，对于管理者来说应不断提高这种能力，有意识地扩大思考问题的广度，培养自己深入思考问题的习惯，发现问题之后一定要改变简单化、直线化的思维方式，多问问自己"为什么会这样？"，还要经常琢磨"这件事的本质究竟是什么？"。正如《像哲学家一样思考》一书中写到的那样：从一种尽可能开阔的视角去思考那些长久存在的难题，尽最大可能接近关于现实的真相，最终目标则是更好地看到"全景"。

二、以爱为源，以人为本

人是教育的核心，在我校"爱为源，人为本"的办学理念的指导下，我们将教师和孩子的发展放在首位，营造尊重人、关心人、支持人、成就人的人文精神环境，倡导教师以爱育爱，用爱润泽孩子的生命，为孩子的幸福人生奠基。

试想，如果孩子不来幼儿园，他怎么能接受到幼儿园系统、全面的教育呢？我们又如何去了解他的发展状况呢？如果孩子经常不来幼儿园，结果则是弊大于利，孩子的健康成长尤其是社会性发展将受到一定影响。校长经常说："我们要关注每一个孩子，让每一个生命都精彩！"由此看来，校长对孩子出勤率的关注不正是以爱为源、以人为本的具体体现吗？

从另一个角度来讲，孩子出勤率高了，也折射出老师们的变化，她们对孩子智慧的关爱，对家长贴心的服务，对同事真挚的情谊，无一不展现出来。在这个过程中，她们获得了职业价值与生命价值融为一体的成就感！这正是校长所倡导的教师的追求啊！他用实际言行为我们很好地诠释了办学理念的深刻内涵。

所以，我们不仅要关注来园的孩子，还要关注那些因为各种原因缺勤的孩子。不仅要关注孩子出勤率这一件事，还要关注那些和孩子发展、教师成长息息相关的每一件事，只有这样，才能让我们的办学理念遍布校园的每一个角落，成为促进孩子发展和教师成长的有形之物！

第七节 "妈妈，不是我……"

学校新调入一名年轻教师，担任一年级某班班主任工作。一天，该班一位家长主动找到我反映，说是老师冤枉孩子撕了别的小朋友的练习册书皮，孩子心灵很受打击，做梦说梦话都是"妈妈，不是我"。家长希望校长能够与教师沟通，弄清事情原委，看是不是自己的孩子做的，以便配合学校对孩子进行教育。接到反映后，我及时与该年轻教师联系，了解事情原委：该教师并没有认定就是这个孩子撕了别的小朋友的书皮，而是听了别的小朋友的描述后，怀疑这个孩子，并希望这个孩子回家想一想，如果是他做的，希望能主动承认错误。但之后事情过去接近一周，对于是不是这个孩子撕了同学的练习册书皮，该教师并未做后续追踪。我又与分管校园安全的主任联系，协助教师调取监控录像，找到了真正撕书皮的孩子，还原事件真相。该教师得知真相后及时向孩子家长说明情况，并与孩子进行了真诚的谈话。

同时，我还建议该教师对事件进行反思，形成案例；并叮嘱低年级部部长，关注"事"背后的"人"，引导低年级部教师进行反思，关注低年级对学生实施教育的过程；在周行政例会中，与全体行政领导分享这一案例，就教师的育人工作及家校沟通作出叮咛。

在学校教育中，由于价值观念的多元，信息沟通的局限，班主任工作的烦琐与惯性，家长对家庭个体学生的独特关注，必然出现家长与教师之间的矛盾。有些矛盾，甚至需要校长参与化解。化解矛盾的过程中，传统的经验思维是：出现一个问题——直面一个问题——解决一个问题，这样思维方式指导下的对问题的处理虽然解决了矛盾，但对类似案例是否可以举一反三，具有启示，却具有不确定性：一是当事教师是否对事件进行了梳理反思，促进自身成长，这一过程充满不确定性——教师可能对事件进行反思，防微杜渐，汲取经验，完善行为，收获成长，也可能只经一事，不了了之。二是无法将事件转换为教育资源，使其他教师从中有所启示。化解矛盾的另一种思维是：出现一个问题——直面一个问题——解决一个问题——反思问题根源——提升教师认识——避免一类问题再次发生。当问题出现时，能够追本溯源，举一反三，规避一类问题，即是系统思维的表现，所以，我对这一事件的处理，并未停止于事件本身的解决，而是将事件作为教育资源，从当事人的角度总结经验教训，从年级组的角度探索教育规律，从学校管理的角度关注家校协作，由经验思维到系统思维，由"个人"到"群人"，关注教师集体，同时让该教师感受到集体的爱与温暖，提升教师的思维品质与职业幸福感，从而提升学校的办学品质。

学校行政领导及低年级部结合该案例进行讨论，达成了下面的两点共识：要从问题中发现资源，探寻到教师成长的空间与契机——教师多了解低年级学生的心理，顺势而导，真正关爱学生，才能避免这样的问题；抓住教育的契机，思考如何对低年级同学实施教育，进而思考如何落实学校"崇德善学"的育人目标。这正是"系统思维"的一个重要体现。

分层讨论之后，我收到了当事教师及低年级部部长的反思。

当事教师的反思：首先思想应该与时俱进，现在的家长与曾经的家长群体不一样了，班主任处理事情更要多角度。与家长沟通应该换位思考，把每一位孩子看作自己孩子。更应该重视班中发生的所有细小的事，勿以细小而略之。其次对于心重的孩子日常更应该加以关注，多创造锻炼展示的机会，还要多与家长沟通，努力达成教育的共识。

低年级部部长的反思：第一，作为低年级班主任老师，尤其是一年级，应该及时了解每个孩子的学习现状，父母信息及家庭成长环境，这样才能有的放矢地对孩子进行因材施教。第二，老师们一定要植根内心一种理念：学生的在校安全第一，教育第二。学生的安全绝不仅是身体上，还包括心灵上的。我们一定要特别关注！应该把每个孩子的安全，尤其是心灵安全一定要放在工作的第一位，千万不能等待，更不能轻易对孩子的行为下定论。第三，发现问题一定要及时与家长沟通，以减少误会的发生，同时，在心理学角度上强调提前心理暗示，如果孩子在校发生了什么问题，我们可以先于学生与家长进行沟通，我相信任何一个家长都会理解的。

　　由当事教师和低年级部部长的反思，我能够感受到她们的真诚，也可以看到教师思维的改变过程：首先，当事教师较为年轻，教育教学经验较为缺乏，又由于新调入学校，正处于适应阶段，需要面对的事情更多一些，如果校长不建议其反思，这件事情对于当事教师而言，可能就是只经一事，不了了之。其次，对于低年级部的所有教师而言，如果不坐在一起进行讨论，其他教师就有可能产生"事不关己，高高挂起"的想法；又或者，教师们可能对这名年轻教师进行帮助，但很难形成像低年级部部长的反思中所呈现的多角度、较为系统的认识。由此，这一事件虽然只发生在一名年轻教师身上，但经过低年级部一、二年级及行政例会的共同讨论，对事件达成了新的认识，教师集体的思维也在这一过程中得以提升。

　　但是，当事教师反思中"心重的孩子"、低年级部部长反思中的"学生在校安全第一，教育第二"等这样的描述，还是敏感地刺激着我的神经。从当事教师及低年级部部长的反思中，可以感觉到教师努力对问题进行了深入思考，但是，从这样一些描述中，可以感受到教师们还没有洞悉问题的本质，没有在处理与学生相关的任何问题时，一直秉持学校提倡的"让每一个生命都精彩"的核心价值理念。

　　从这件事情看，当事教师的确存在一些处理不当的地方，表现为没有调研就对撕毁其他同学练习册书皮这一"恶性事件"的"肇事者"进行了主观臆断。其中包含的具体问题有：一是误断学生造成学生委屈。二是"撕书皮"对于一年级孩子来说是一件"高利害"事件，学生得到这种判断后的心理压力，教师没有充分估计，委屈和高压力造成了学生内心的不安和不服。三是学生没有找老师表达自己的不服和不安，而是以说梦话的方式表达的。教师可以考虑在重要问题面前给孩子们一个表达自己情绪和想法的机会。如果那样，这位学生就不会被逼无奈说梦话了。但是从当事教师和低年级部部长的反思中可知，教师们还没有做出这样深层次的探究和细致的分析。此外，"心重的孩子""学生在校安全第一，教育第二"这些词语说明教师对学生的评价仍然带有教育学之外的情绪。"心重"实际上是对人心理健康状况的一种负评价，被评价者会感觉不舒服甚至会觉得自己心理不太健康。而实际上，"心重"的人往往是敏感的人，敏感的人总是希望把理说透，说透弄明白就好了。这发生在任何一个孩子身上都会引起反应，除非学生已经习惯了，因此，这个学生的反应是正常的，不是"心重"。同样，"学生在校安全第一，教育第二"，也是教师们长期处于弱势群体地位之中的一种典型的经验思维的表现，有"不求有功，但求无过"的意味。然而任何人都知道，教育之道即为生长，即为向善，绝不是"安全第一，教育第二"，这种思维也是和学校"爱为源，人为本"的办学理念和"让每一个生命都精彩"的核心价值追求相违和的地方。

  思考到这一点之后，我又与该名教师及年级组组长进行了一次详谈：如果教师和这位受委屈的学生充分交流，认真听取他对事实的描述和他的心理感受，结果会怎么样？如果让这个学生将自己的委屈在班里向同学们表达，让被撕书皮的学生也向全班同学表达自己难过的心情，在此基础上教师引导学生讨论怎么对待那个撕书皮同学，将学生们引导到：每个人都可能犯错误，犯错误的原因往往是没有想到后果的严重，犯错误改了就是好同学。之后真正的肇事者会不会受到触动后主动找老师承认错误呢？或许事情发生之时这样及时地处理问题，就能够避免对学生、家长及教师本人造成的情感上的不愉快，也就可以避免后面的梦话事件了。在这个过程中，对学生进行了诚信教育、知错就改的教育，这不正是秉持了学校"爱为源，人为本"的办学理念，落实了学校"崇德"的培养目标吗？人格上的精彩，不正是对"让每一个生命都精彩"的最深刻解读吗？

  经过我和教师们一起对这一事件的几次探讨，教师们对事件本身如何更好地处理及学校"爱为源，人为本"办学理念的体现，"崇德善学"培养目标的落实，"让每一个生命都精彩"核心价值观的践行，都有了更深入的认识。现在，低年级部的教师们正在摸索和学习低年级学生的心理，也在实践中思考如何更好践行学校的办学理念，落实学校的育人目标。

教师的反思

一、隐形的手

　　上周一，像往常一样，我与孩子们交流周末生活后，开始了新的课程。下课了我组织孩子们去卫生间，还没走到楼道尽头，小硕就急匆匆地跑到我面前说："老师，小羽哭了，他的练习册书皮被人撕了。"我来到教室便看到先回到班里的孩子们都围着小羽。

　　上课后我开始了"破案工作"，我想一年级的孩子心里是存不住事情的，一问就能出结果。结果却出乎我的意料，没有人承认。随后我又展开了单独调查，班里的每一位同学都是我的调查对象。全班大多数同学都说没有看到，只有艺欣一个人说她看到小贝动了小羽的书皮，我追问是否看到小贝撕扯书皮，她回答："没有看到。"调查到这里没有一丝进展，这个人究竟是谁呢？事情到这，班会时间也所剩无几了。于是我决定进行下一方案，吓一吓他们，"有些同学已经提供了一些线索，既然你不主动承认，一会儿老师要去调查监控录像继续证实一下。现在还有机会，知错就改也是好孩子。"回到办公室里我问其他老师监控好不好查，大家都说挺麻烦的，于是抱着侥幸的心理便打消了查监控的念头。

　　放学前，我告诉孩子们我已经知道是谁了，我给他时间回家想一想这样撕坏同学的东西不主动承认是不是一名合格的小学生。希望他可以私下主动承认错误，老师会原谅他的，同学也会原谅他的。

二、再起风波

　　第二天一早，我来到班里就听到有同学和我说，他知道是谁撕的练习册，是小贝。我追究原因，他说好多同学都这么说。又有人说东东最淘气可能是他干的。这时小贝还没有来校。第一节课前我告诉大家如果没有亲眼看到就不要乱猜测，这样会伤害同学。接近中午还是没有人和我承认错误。一波不平一波又起，下午又出事了。思琪新买的尺子不见了，恰好林林今天送给小柳一把尺子，和思琪丢的尺子一模一样，这引起了我的注意。抱着对林林的怀疑，下课后我把三人叫到办公室开始调查此事，小柳说这个是林林送给她的，而林林说这把尺子是他阿姨送给她的。表情真诚言语诚恳。于是我决定向家长证实。晚上向林林妈妈证实，孩子并没有这把粉色的尺子。第二天，我又一次把林林叫到办公室，在我的一再追问下，他承认尺子是在思琪脚下捡的，然后送给了小柳。林林向思琪道歉并归还了尺子。这个孩子还是知错就改的，此事算是告一段落。

三、阴云不散

周三晚上，小贝妈妈给我发来微信。"李老师，这两天班里有一些传言，说小贝撕了别人的练习册，还不主动承认错误，孩子心思重、压力很大。您能帮着开导开导吗？"我向她简要说了事情的原委。小贝平常虽然俏皮但并不淘气，也懂得不该做的事情不做。那些传言也只是孩子之间私下的话，明天我会再和小贝聊一聊。

周四下午，我把小贝和妈妈留下聊天，开导了小贝，并告诉她老师并不怀疑是她，妈妈也没有怀疑是她，至于同学们说的，明天老师会提示大家没有亲眼看到就不要胡乱猜疑。小贝妈妈问我有没有查到是谁，不然小贝是不会死心的。这也说道我的痛处了。都四天了依然没有眉目。

果不其然，晚上十点多小贝妈妈又发来微信。她很担心，刚才小贝说梦话都在说"不是我，妈妈，真的不是我。要不然您看看监控吧。"看着这样一条信息，我也是进退两难、不知如何回答，更是没了主意。监控不是我想看就能看的。

四、水落石出

周一，王主任找到我，带我看了监控。监控中，就在我刚走出教室的后一分钟，一双隐形的小手伸向了小羽的练习册。这双手的主人是林林。一连两起事件都是林林，这让我不敢相信。晚上我和小贝妈妈说了，那个孩子是一位小男生。已经证实了不是小贝。回家一定要和孩子说明妈妈和老师对她的信任，她是个认真的乖孩子。放学前我把小贝叫到跟前，和她说："老师一直都很信任小贝，小贝的细心是很多同学都没有的优点，但是其他同学说的话有时也是没有依据的，过度放在心里对自己也不好。你看，这几天你都没有笑过，上课也不举手回答问题了，是不是影响了自己的学习呢？明天，老师期待你的精彩表现。"小贝终于笑了。

对于林林，我找到他，问他是不是有一件事他还没有告诉我。等了五分钟孩子的眼泪掉下来了，他说："老师对不起，我错了。""那你就说说吧。""老师，我撕了小羽的书皮，还一直不和老师说。"我追问为什么。他说："我什么都没想，撕完了以后就怕老师批评我，老师我想上学，您别让我回家。"我告诉他，自己犯了错误就要自己承认，改了还是好孩子，同学也会原谅你的。如果不主动承认错误就像现在这样，同学们要是知道是你做的，还有人和你做朋友吗？老师给你一个机会去和小羽道歉，这样小羽还会喜欢你的。今后千万不能在乱动别人的东西了，有错也要主动承担。他点点头说："老师，我知道错了。"第二天，我在班里宣布，已经找真正撕坏书皮的同学谈话了，他也向小羽承认了错误。我们大家也原谅他一次，再给他一次机会。就此，这一事件总算是结束了。

这件事引起的风波长达一周，从中我进行了反思：

首先，教育孩子无小事。任何一件小事对于孩子来说都是大事，都关乎孩子的心理承受和心理发展，切勿以细小而略之。尤其对于心重的孩子，日常更应该加以关注，多为他创造锻炼展示的机会，提高自信。

其次，思想应该与时俱进，现在的家长与曾经的家长群体不一样了，班主任处理事情更要多角度，应该及时。与家长沟通应该换位思考，把每一位孩子看作自己孩子。如果自己的孩子受到言论的压力过大，自己也会焦急、不知所措的。

哲学家罗素说过："孩子不诚实总是恐惧的结果。"说谎，是孩子因为害怕说实话挨骂而寻求的避难所。正因为尺子事件，我没有对林林进行认真教育，导致了他内心存在侥幸心理。两次风波，都因同一个孩子引起，又屡遭失误，其真正原因是教师自身没有从心理深处感悟到孩子和家长体会，而怠慢的结果。倘若不是家长再三反映，此事不能水落石出、不了了之，对于被猜忌的孩子和家长该会怎样呢？对于因害怕而说谎的孩子，如果长期处于逃避而侥幸下去，又会怎样呢？

我应时时牢记："教育孩子无小事"。

第二章 吃堑中增智

第一节 老师监考中看手机

为了深入落实《北京市中小学学科教学改进意见》，也为了给一年级的小同学们一个更加快乐的童年，培养他们更加浓厚的学习兴趣，本学期，我校对一年级的期末检测进行了改革，采取乐考的形式。分为纸笔调研和闯关活动两部分。为了改革的成功，学校教科室、一年级老师、学校家委会和一年级家委会志愿者们进行了充分的准备。

周四，一年级进行纸笔调研，我正在外面参加市里的活动，却突然收到了一位一年级家长的短信：

宋校长，您好！冒昧地向您咨询一个问题：今天一年级的孩子们期末测验，我在墙外看到有的监考老师在讲桌上看手机，我在墙外站了十几分钟，老师时不时地拿起手机。请问现在的考试指令都通过手机下达吗？如果是，那是通信工具进步了；如果不是，希望监考老师也能注意。这毕竟是孩子们人生的第一次正规考试，希望孩子们能感受到积极严肃的氛围，从而能认真正确地对待考试。

收到家长的短信后，我给家长做了这样的回复：

一年级我们采取的是乐考，二年级后正式过渡到正规测试。一年级还有一次在体育馆的闯关。谢谢您。

我对她讲述我们学校一年级考试的改革，并不是想以此推脱责任，而是想引导家长不要将孩子的考试看得太重，从而给孩子太大的压力。

家长：一年级今天是期末测验，明天是闯关活动，我也参加了明天的志愿者。我是自己读了十几年书，参加了无数次考试，所以想看看教育改革后的测验是什么形式，结果看到个别老师在看手机，所以想问一下。您别介意，不论我的孩子是不是在学校读书，我都希望教育是严谨的、认真的，希望我们的学校综合素质全面提高。

我将家长的短信转到了学校教职工微信群里，一方面是想以此方式在群中提示教师的态度；另一方面，我也相信相关的年级组长和领导看见后，一定会及时处理这件事情。

周五，一年级进行闯关活动，我去参加了主题语文单元教学联盟校的活动，当回到学校时，一年级活动已经结束。领导们、老师们、家长们都对乐考赞不绝口，孩子们更是感觉特别快乐。当一天的工作快要结束时，一年级组长来到我办公室，"校长，我想向您检讨老师监考看手机的事，我们组进行了认真的研讨，首先认为这件事教师有责任。这是对学生的不尊重、不负责。其次我们举一反三，在其他方面我们也应该注重细节，真正配得起窗口校的教师。"听到她的话，我很欣慰，也语重心长地说了我的想法。

这一天很晚的时候，我又收到了她长长的微信留言：

宋校长，刚才您说的我都理解，也意识到了事情的严重性。回来和组内老师转达了您的话，老师们也意识到了事情的严重性。我们组的老师们说到，其实不只是手机的问题，同样教师的言行也要得到重视，尤其是在我们这样一所窗口学校，往来学校的家长和领导这么多，我们该从自身加以重视！

作为年级组长，我想说，开学这么长时间，我们组的老师们一起完成了很多件大事。老师们加班加点的工作，从没抱怨什么，只为了让孩子有更多的体验。其实每个年级都一样，老师们都在默默无闻地工作，如果不是从校园网上或是微信群中看到某个年级的报道，我们都关注不到其他年级的工作。可因为昨天这件事，我们组得到了另一种的宣传，很多老师把它当作了一种谈资，询问是哪个监考老师，肯定被拍照了吧？正像刚才我和您说的我们组做了那么多的事情都没得到关注，就这么一件事真真的帮我们"出了名"。没有询问大家的感受，反正我是觉得一下子被泼了一盆凉水。

我理解您的对事不对人，想就这件事对所有人都敲以警钟，也希望您理解作为年级组长的我，对于此事的重视与感受。可能我的站位没有那么高，发生这些事情对我来说，还是会被影响到，和您说了这么多。如果有什么不该说的，您就当是我放松心情，找您吐吐槽吧！

从她的微信中，我欣喜地感受到他们对监考过程中老师看手机现象有了正确的认识，知道作为窗口校，我们不仅应该严格遵守各项规章制度，更应该积极主动展示良好的精神风貌。当然也感受到了，我将家长信息转至全校教职工群，她并不理解，而且还存在一学期努力被忽视的委屈。于是，我给她回复了下面一条信息：

你是个非常负责任的组长，一年级的团队也非常棒！我看在了眼里。出现这样的问题不是坏事。我们每个人都应吸取教训。以前我也发现过，只是做了提醒，没想到又一次发生。说明干部教师没意识到问题的严重性。这是一次难得的自我教育，不要太多的去理会那些打听别人而不检讨自己的人，不要过多自责，在解决问题中我们会学到更多……

结合平时观察，老师日常上课过程中使用手机进行与课堂无关的活动虽不是普遍现象，但也绝非是极个别现象；而且家长短信反映出的也不仅是教师没有遵守考场制度的问题，更是教师的学生观、教育观的问题。因此，在周一行政例会上，领导干部和年级组长针对家长反映的现象，再次进行讨论和反思。大体上达成了这样的意见：首先，对于家长的短信，我们要抱着感恩的心态来看待，感谢家长对我们的工作进行监督并提出建议。其次，手机是目前我们不可或缺的工具，任何事物都有两面性。对于我们的职业而言，一方面我们需要通过手机及时接收各种通知信息，对家长的需求进行回复，看时间，记录孩子在校的精彩表现；另一方面又不能过分依赖手机。最后，手机事件也提醒我们要透过现象看本质，进行自我反思，要精细化管理，时刻注重教师的形象。

我也在例会总结中分享了自己的思考：

（1）以前也发生过课上使用手机现象，也找个别教师谈过。而这次又发生了，而且是家长帮我们发现的。首先应感谢家长，她可以像以前一样保持沉默，但她主动向校长反映。她在做着谁该做的事？她在做着学校管理者的事，这也是学校近年来家校协同教育发展的成果。家长参与学校管理，并成为学校教育的一份子，我们应该感到高兴。但同样的错误不能再犯。

（2）家长为何在校外站了10分钟？她认为这是孩子人生中第一次考试，格外重视。这与学校对于一年级测试的方向有分歧。乐考中卷面成绩只占其中的40%，其他还包括闯关成绩、平时成绩、精彩两分钟等。家长对此并不知情，说明在测试前，并没有与家长有效沟通。

（3）教师上课带手机，学校并没有严格要求，因为教师有时要捕捉一些镜头反馈给家长，但是课上绝对不可以接打手机，发送信息，这是一条红线！为何？因为这违背了学校的教育理念：爱为源，人为本。我们关注的是每个孩子，看手机则使之成为一句空话。由此及彼，一年级老师还进行了深入反思：在日常工作中，我们的言行是不是也要注意，要配得上"窗口校"教师的称号。

（4）在此期间，有些教师盲目去打探是哪位教师？出现这样的事，我们需要反思的是自己做得怎么样？是否真正关注到每一个孩子？现在的家长与以前有何区别？校长为何把家长的短信抛出来供大家思考？这绝对不是某个年级，某个家长所暴露出的问题，在坐的各位百分之百都做好了吗？更何况全体教师？

（5）事情看似不大，但千里之堤，溃于蚁穴，天下大事必作于细，必作于小。恰恰这些小事更能反映我们教师的素质、学校的品位。我们既然踏上了爱的道路，必将风雨兼程，真正将办学理念、育人目标落到实处，落到每个孩子身上，落到每个家长的心里。

对于这一事件的处理，我得益于参加名校长成长工程研修活动以来管理思维方式的转变，也与以往仅凭经验处理问题有很大的不同。我感受到了从关注人的视角，更系统的思考问题的重要意义。若是以前遇到这样的事件，我可能会给家长发去短信，表示感谢并承诺调查解决问题，然后调查事情出现在哪位教师身上，亲自或责成有关领导和其谈话，并重新对学校的考务工作乃至教师的师德进行强调，事件到此，才算解决。

一年级期末调研中的这个小插曲，让我感受到了整体素质在悄然发生改变的家长群体；想到了简单事件背后教师所持有的学生观、教育观，及对学校办学理念的理解与落实；也注意到家校沟通在某些方面可以做得更深入。于是，我把家长发给我的信息转发到全体教职工群里，又特别在行政会上进行了讨论，一方面希望促进事情的解决；另一方面更想引导教师们关注事情背后的东西：关注自身所秉持的教育思想，关注言行，关注家校的沟通。还想通过这样的处理，引导教师也转变思维方式，将问题想得更深，目光放得更远，更学会关注人。思维的转变不是一蹴而就的，我愿意和教师一起努力。

第二节 我当了一回被告

近几日，我完全是在心神不定，坐卧不安中度过的。不知不觉中，学校成了被告，作为学校法人，我自然成了被告人。

事情是这样的：一位供应商电话联系到学校，想为学校提供一款产品——电子图书馆，只要从校园网上点击链接就可以使用。双方约定先免费试用，再谈合作。在试用期间，学校发现里面有许多病毒，未收到预期效果，于是没有达成合作的意愿。没想到还没来得及从校园网上撤下链接，就收到了某网站寄来的《侵权风险告知函》！在收到信函的第一时间，学校就断开链接。令人没想到的是，没过多久，这个网站竟把学校告上了法庭，要求赔偿总共合计200多万元。

众所周知，学校是公益事业单位，是传播文明、传播先进文化、正能量的场所。我们无意去侵权，我们的目的只有一个：让孩子多读书，读好书。我们并不知晓在网上给师生提供阅读资源会引来如此横祸。如今，为了激发孩子们的读书兴趣，学校多角度为他们提供读书的平台，无心更无意侵犯别人的权利。惹来这些祸端，作为教育者，我们感到很被动、很无力、很委屈。

更让我无法接受的是，这家网站竟把总校也一同告上了法院，称总校没有行使监管责任，应承担连带责任。让总校跟着自己背黑锅，受连累，这更让我寝食难安，痛心到了极点。我赶忙给李校长发了一条短信："李校长您好，这几天一直想去总校把这件事的来龙去脉跟您讲清楚，孙校长说这段时间您特忙，先别过去。几天来，我心里就像装个铅块沉重极了！茶不思、饭不想、寝难眠，什么事都干不下去！对于分校发展及我本人成长您倾注了太多心血。对于学校发展变化我充满激情，学校师生们也快乐幸福，这都源自您的大爱。这件事让您和总校蒙受不白之屈，我难受极了！！虽然在这件事上我也满腹委屈，学校也是受害者，供应商愿全权负责，并请了金牌律师很有信心的要使学校免责，即使有责供应商也愿全部承担。但我最痛心、最受不了的是让您为此事奔波受屈！最后在此先向您深鞠一躬：校长，对不起！"发完短信，我的心稍微平缓一些。没过一会儿，李校长回过来一条短信："茂盛，因为无错，就不必过度自责！吃堑长智！更何况我因此而有收获！"我不禁感慨，不愧是教育大家。遇事不乱方寸，并能从危机中寻求新的收获，将坏事变成好事，化不利为成长。

受李校长的影响，我一改前几天的颓势。积极主动地寻求办法化解当前的危机。将损失及对学校的影响降到了最低（最后在律师的帮助下，并找到书的作者，由供应商赔付了几万元）。

通过这件事，我有许多感悟：这家网站就是进入学校网站后发现的问题，哪些资源可以链接，哪些资源不能链接确实是门学问，网络安全意识不容小觑。当前普遍对网络知识产权的意识还不强，普及相关知识很有必要。而且不管发生什么样的事情，不管我们有多么委屈，多么无辜，都要抱着积极主动的态度去解决。"山重水复疑无路，柳暗花明又一村"，要用积极的态度面对，并全力以赴去解决，只要不放弃，就有希望走出阴霾。

上帝为你关闭了一扇门，就一定会为你打开一扇窗，要善于在危机的化解中吃堑长智。

第三节 三张零分试卷

关注与理解，爱与沟通，作为一名校长，在看到那三张零分试卷时，我深深地体会到其中的内涵。

那是一天下午，两位教学主任拿着三张教师理论考试的试卷，平摊在我的桌子上，气愤地说："校长您看，这就是咱们教师的现状！"看那三张白白的甚至连姓名都没写的试卷，我当时很生气。如果这件事发生在两年前，我也许会把他们找来狠狠训一顿，然后扣发效益奖金。但多少次教训使我冷静了下来，我要与他们沟通，我要知道他们这样做的原因。

我分别找到他们进行了单独会谈，"为什么一个字也不写？"甲说：理论考试的分值在考核中占的比重小，但真要考好却必须下很大功夫，我索性放弃了。而且自己平时工作也很努力，付出很多，却总得不到领导的认可，我觉得考多少分也没用。并且学校奖惩制度对自己所教学科激励不大。乙说：自己最近工作很繁重，忽略了这次考试，但又不想作弊。自己多年的考核成绩都不错，成绩不好的也没下岗。丙说：感觉考不考对自己作用不是很大，而且中心校的压力大，想调到完小去。听了三位教师的陈述，想想他们三人刚刚做了父亲，家庭负担开始加重，再加上工作上的各种考核压力，我不住点着头表示理解。本着依法治校和以人为本相结合的原则，我阐述了我的想法：（1）交白卷的行为是错误的，换位思考，假如你的学生给你交白卷，你会是什么态度呢？（2）这次理论考试是课标内容，不是普通的考试。作为一名小学教师，如果连课标都过不了关，那你的教学行为会是怎样的？（3）自己对学校、领导有看法有想法可以通过正当渠道反映，而交白卷给人感觉是对出卷的领导和学校的不尊重，对自己也是不负责任。（4）作为男人，就应挑起家庭与工作的重任，要有责任感、要顶天立地。（5）这次考试成绩计零分，但明天由我亲自监考重新做一遍，以端正大家的态度，消除不良的影响。

第二天，我花了40分钟为这3人重新监了一次考。而这次，三张卷子写得满满当当。显然三位教师都进行了精心的准备、深刻的思考，也认识到了自己的错误。

这件事也让我有了很多反思：我处理得是否武断？如果今后再发生类似的事情，中层干部是不是还这样来找我？他们三人真的认识到错误的本质了吗？管理是否出现了问题？我又有何责任呢？

我们常说的一句话"问题在下面，根子在上面"。于是我把两位主任找来，帮助他们分析原因，改进工作，正如陶行知说过，"创造始于问题，有了问题才会思考，有了思考，才有解决问题的方法，才有找到独立思路的可能。"所以，"问题"是在帮助我们改进工作。三张零分试卷让我们重新审视学校的管理，找出问题与对策：第一，新修订的《奖惩制度》通过职代会后，没有逐条向老师说明，这项工作没有做扎实。第二，平时要关注每一位老师，多发现他们的闪光点，真诚地去表扬、赞美他们，从尊重教师的角度想问题。第三，学会宽容、体谅，出现问题先从自身考虑。第四，教师考核细则中理论考试分值确实低，付出与收获不成比例，应拿出来修订。第五，教师出现问题，要沉住气，冷静下来思考原因，想对策，尽量在自己职权范围内解决。校长直接来解决不利于中层领导今后的管理工作。

关注与沟通，赞扬与关心，尊重与宽容……应是我们每位学校管理者时刻思考的问题。

第四节　一次办公室漏水事件

一天下午五点半左右，老师们都已下班，学校里只有少数上社团的教师和家长在。保安照例在楼中巡视，突然发现从320办公室中流出大量的水。

保安赶紧找出办公室门钥匙，同时通知仍在学校服务中心的安老师。安老师紧急召集保安、食堂工作人员、住校教师赶往现场进行处理。思品刘老师和一位家长也发现了及时打电话给主管安全的校长，并快速投入到劳动中。一位服务中心的朴老师看到安老师在群里发的照片后，从家里拿了两个桶及时赶到学校参加救援。据估测，当时水高大约距地面10厘米，共清除20多桶水。大家一直忙碌到晚上六点半左右。

第二天早晨，我发现320办公室旁边的民乐排练室中还留有大量积水，再次指挥人对其进行清扫，共清除十八桶水。

事后，我进一步了解事件的起因，原来当天下午学校管道维修，自来水停供。3：30～5：00国画社团活动，结束后，学生手上沾满墨汁，打开水龙头想洗手，没有水，随后将下水口堵上，倒了一些暖壶里的水洗手。走时既没有关水龙头，也没有将下水口打开。五点多，管道修好，正常供水。开着的水龙头和关着的下水口导致了这次事件的发生。

行政会上，我把这个案例抛出来，供大家反思。在讨论中大家有两点共识：一是反应机制，根据学校制定的《突发事件应急预案》，当发生突发事件时，应第一时间上报值班领导，并采取有效措施解决。然而，此次事件中，保安并没有这么做。可见，保安平时没有接受过类似培训，反映出平时管理的疏忽。二是管理缺位，此次事件中，主管安全的领导在得知消息后，没有第一时间赶到现场，而是采用电话指挥的方式解决。即使处理完后，只是简单地听取下级汇报，而没有到现场进行查看，导致第二天才发现隔壁教室的水。值班领导在得知消息后，同样没有赶往现场，导致了检查的疏漏。

听了大家的发言，我也谈了对这起事件的思考：

常言道，"生命没有回头路，事故没有后悔药。"从表面上看，此次事件已顺利解决，但我们不妨设想一下。

在漏水半小时后，整个三层科任区已经陷入水深10厘米中，甚至已经流到了二层。假如保安没有巡视，没有及时发现，直到第二天早晨七点半师生返校才发现，那又将会是怎样的情景？民乐排练室中存放着大量未拆封的乐器，一旦被淹又是怎样的损失？

假如发生连电事件。老师们的计算机主机基本都放在桌子下面的架子上，所幸有这个架子，否则计算机主机将全部进水报废。办公室的插线板基本都放在地面上，所幸及时关闭了电闸，没有给扫水的老师造成电击事件，否则后果将不堪设想。

安全重于泰山。只要出现安全事故，一切都是枉然。此次事件已经为我们敲响警钟，值得庆幸的是，我们在事故发生半小时内发现并及时制止于萌芽状态。试想，如果没有人发现，使水流一夜，地上都是插线板，如果扫水过程中发生连电，后果将会如何？

人祸恐于天灾，责任心是安全之魂。本次事件本可避免，由于老师的安全意识不强，工作不够精细，在学生离校后没有及时检查巡视，做好收尾工作，造成事故。天灾是无法挽回的客观存在，而人祸并非偶然，明明可以避免但没有避免，才是最可怕的。人祸造成的影响比起天灾也许更为严重。

精细管理不容松懈。管理者应将精细化作为自己追求的目标。然而有些人工作生活中有各种各样的借口，太忙了，太麻烦，没必要……对一些事情往往视而不见。想一想我们总是把精细化管理放在嘴边，而不落实在行动中，我们又能做到多少呢？

感悟：疏忽大意是我们生活、工作的天敌。我们都要引以为戒，举一反三，处处体现精细化。既然我们把学校当作家，把同事称为家人，那么我们就应该为这个家努力做点什么。"跑水事件"本身并不可怕，考验的是我们每个家人对待这件事的态度，事背后人的变化。

事件背后的人：

安老师：一位普通的服务中心老师，只因为事情发生时在学校，就临时担当起召集人的角色。安老师动员身边的保安、老师、食堂工作人员、住校老师，一同投入到劳动中，并及时向上级进行汇报，促使事件在第一时间得以解决。

刘老师：一位科任教师，发现了事故，即使天气寒冷，水很深，没有想事件是否是自己的职责范畴，积极主动地投入到劳动中去。

朴老师：学校的一位出纳，只因为在微信群里看到了安老师发的事故现场的图片，就从家里拎了两个桶，专程赶到学校，主动参与，令人感动。

　　当然，此次事件中，还有很多家人参与其中，在此只列举了三位。这些教师把学校当作家，当家里出了事时，第一时间赶到家里解决问题，而不是"事不关己，高高挂起"。事后该办公室组长主动在教师群里承认错误，承认疏忽大意，也体现了大气担当的精神。

　　一次办公室漏水事件，让我们看到很多，想到很多，悟出很多！

后　记

做了近30年教育工作，无论做教师还是做校长。由适应到成熟，由唯上唯书到自觉对教育真谛的感悟，无不刻印在我生命的历程中。

一直没有写本书的打算，直到进入首期北京市名校长工程面试时，北京教科院副院长褚宏启教授作为主考官问我："宋校长，你对著书立说有什么看法？"我想了想说："现在许多校长写的书都很好，我也曾认真地拜读。但总有一些小遗憾，别人的成功经验或系统理论，无法复制到自己的身上。我特别希望看一些具有实用性，适应置身一线实践的成功案例或者失败教训，能给人以启迪的书"。由褚教授的发问让我产生了写本书的萌动，再后来有些朋友对我说："你该出本书了。"我回答："有这样的想法了，初拟的书名就叫《我做校长的那些事》。"将我多年做校长积累下来的案例和教训梳理出来，主要是给自己看，连自己都不愿意看怎能让别人看呢？同时也是对未尽的教育生涯的一个反思和沉淀。

于是，我便着手对积累了多年的案例进行汇总、整理。汇总起来无论篇幅还是内容自觉够量，也进一步坚定了我成书的信心；整理之中，不免再次沉浸在回忆和思考之中，我一次又一次反思那些熟悉又陌生的问题：什么是教育？教育有哪些规律可循？校长究竟靠什么引领学校发展？

综观全书体例大多是得与失的案例，并附之以令我感动、难忘的师生感言和精心绘制的发展规划、设计。将它们有机地串联、结构在一起，也可从中折射出一些教育的本质和管理规律，同时力图使其具有实用性、可读性。"实践出真知，实践验真理"，已经成为人们普遍认可的科学道理。细心品味世上哪一门科学理论不是滋生于实践这片沃土呢？书中所涉及"心智""心能""几个思维转变"的提出和探索，正是我在多年学校管理实践中的感悟和生成。也许这些会给大家带去一些借鉴和思考，才是我坚定出书信心的意义和思维再次升华的所在吧。

由于个人时间、工作、精力之故，再加上水平有限，整理书稿的过程中，特意邀请了对我成长了如师长、本区已退休的教委教育期刊主编史阿森老师帮忙指点；还有意让校长助理参与其中，使其近距离地了解校长的办学理念和思路，助其尽快成长。近半载的光阴，历经一次次研讨、碰撞、琢磨，《从"心"守道做校长》终于浮出水面。

欣慰之余，我当感恩于各级教委领导的信任和培养，是他们赋予我校长的使命和职责，使我领悟到做校长的含义和乐趣；感恩于先后生活、经历过的两所学校，及所结识的老师、学生、家长和周围的社会力量，是他们给我提供了足够的滋养和能量；感恩于整理书稿过程中，给我提供支持的师长和同仁们。

更要特别感谢所牵手的名校北京第二实验小学，及北京市名校长工程中专家、教授的培训和指导；尤其感谢李校长，季教授两位导师的栽培和引领，正因为有了教育大家的引路，才使我倍加感悟到了教育的魅力，教育的深邃，教育的价值与幸福！

写书的过程也是有效地过滤办学经验和理念，反过来再提升我们的办学成效的过程。我在其中感悟着、经历着、升华着。为了让"每一个生命都精彩""以爱为源，以人为本"，将学校办成求知进取的学园，健康和谐的乐园，美丽雅致的花园，温馨友爱的家园而奋斗。同时，也期望更多一线校长教师共同分享教育生命历程中的点点滴滴，在互相学习与交流中，愿校校都能盛开素质教育之花，教育课程改革的根基扎得更深，更实。

《从"心"守道做校长》肯定会有许多需要进一步改进和完善的地方，但我一直在路上，不管是荆棘与坎坷，还是鲜花与掌声，我与大家共同前行，一起感悟教育的真谛，生命的价值。

期待着：本想培植一颗大树，你却长成一片绿洲……

宋茂盛
2017年2月28日